우리네 삶의 웃음꽃

우리네 삶의 웃음꽃

초판 1쇄 발행 2023년 4월 28일

지은이 박문신
펴낸이 장길수
펴낸곳 지식과감성#
출판등록 제2012-000081호

교정 문의태
디자인 서혜인
편집 정한나
검수 이현
마케팅 정연우

주소 서울시 금천구 벚꽃로298 대륭포스트타워6차 1212호
전화 070-4651-3730~4
팩스 070-4325-7006
이메일 ksbookup@naver.com
홈페이지 www.knsbookup.com

ISBN 979-11-392-1062-0(03810)
값 15,000원

지식과감성#
홈페이지 바로가기

우리네 삶의 웃음꽃

박문신 시집

목차

Ⅱ. 삶의 향기

Ⅲ. 지혜로운 일상

Ⅳ. 계절의 감각

작가의 말

세상에 태어나서 '시인으로 등단하고 시집을 낸다'는 것은 그 사람 일생일대의 영광이요 보람이라고 말할 수 있습니다. 설사 그 시집의 내용이 미진하고 부실하더라도 80대에 들어선 사람으로 시를 쓰고 시집을 낸다는 것 자체가 큰 용기요, 격려 받을 만한 쾌거이기도 합니다. 누가 뭐라 해도, 어느 누가 평가 절하하더라도 개의치 않고 오히려 더 정진하여 훌륭한 시인이 되도록 더 노력할 것이 요구된다 하겠습니다. 무릇 인생 존재 가치의 여부는 자기 하기 나름입니다. 내가 생각하는 내 삶의 흔적들, 내가 바라보는 인생살이의 변화와 그 의미들, 그 속에서 내 안의 나를 성찰하는 사안들, 이 모든 것을 마음속으로 갈고 닦아서 시상으로 집약하여 기록한다는 것은 실로 의의 있는 일이 아닐 수 없습니다. 내가 나는 시인이다 해서 시인이 되는 것은 아닙니다. 남에게 인정받고 사회적으로 높이 평가받는 시인이 되어야 진정한 시인이라 할 수 있습니다.

혹자는 때때로 자신의 그릇됨을 모르고 세상사 헛짚고 살곤 합니다. 현실은 깨진 그릇 수준을 벗어나지 못하면서 우아하고 빛나는 도자기인 양 가면의 탈을 쓰곤 합니다. 도리에 어긋난 사람이나 정도를 벗어나 욕심으로 가득 찬 사람이 시적 향수에 젖는다는 것은 불가능한 일입니다. 시인이 되고 싶은 사람이라면 먼저 '사람이 되어야 한다.'는 주장에 전적으로 동의합니다. 어쩌다 시를 좋아하고 시작에 몰입했다고 해서, 또는 멋있는 시 몇 편 써서

인정을 받았다고 해서 시인이 되는 것은 아니라고 믿습니다.

시인은 언제나 '시인다운 사람이어야' 훌륭한 시인이 될 수 있다고 생각합니다. 다시 말해 '사람다운 사람'이 시인이 될 수 있다는 지적과 같은 의미입니다. 무엇보다도 인성이 올바른 사람이어야 시인이 될 수 있으며, 나아가 용서와 화해의 정신을 갖추고 겸손과 나눔에 솔선수범하는 사람이어야 진정한 시인 자격이 있다고 하겠습니다.

나의 삶에 있어서 이 첫 시집은 가장 보람 있는 일이 아닐 수 없습니다. 시 하나하나가 힘들게 살아온 내 삶의 지나온 과정이며 열매입니다. 그동안 내가 경험하고 터득해 온 사고의 철학일 수도 있으며 상상의 나래이기도 합니다. 또한 자연을 있는 그대로 보고 노래한 생생한 구절의 집합체입니다. 어딘가 미흡하고 부실한 면이 짙다는 점을 인정합니다. 하지만 아직은 더 좋은 시를 쓰기 위한 초보적 단계라는 점을 애써 강조하고 싶습니다.

이 시집을 만들기까지 마음 써 주신 문학광장 사장님을 비롯하여 여러분께 진심으로 감사의 말씀을 드립니다. 나의 아내와 함께 가족, 친구들에게도 고마움을 전합니다.

형제봉 아래에서

2023년 4월 박문신

I.

마음의 물결

비움과 채움

비운다고 하면서
채운다.
아니라고 하지만
모른 채 더 갖는다.

비웠다고 하지만
비운 게 없다.
버리지는 못하고
모으기만 한다.

비운다고 결심하지만
이래서 못 비우고
저래서 못 비우고
온갖 핑계를 댄다.

비울 수 있을까...
나도 너도 모른다.
채우면 모자라고
비우면 채워진다.

내 안의 행복

행복을
밖에서만 찾으려 애쓴다.
남들이 갖고 있는
돈, 물질, 권력을 탐내며
내 것과 견주려고만 한다.
나는 갖은 게 없으며
너무 적고 보잘것없다고
나를 나무라기만 한다.

행복이란
바란다고 오는 게 아니다.
마음 비우고 기대 낮추면
행복은 올 수 있다.
나를 더 사랑하고 존경해도
겸손하고 남을 사랑하면
이미 행복은 와 있다.

내가 걸을 수 있고
말할 수 있으며 볼 수 있다면
더 바랄 것 없다.

난 지금 이 순간
가장 행복한 사람이라고
자부할 수 있다.

행복은 그렇게 저렇게
먼 곳에 있는 것이 아니다.
밖이 아닌 나의 가장 가까운 곳에
내 안에서 찾고 느껴야 행복이다.
조그맣고 사소하더라도
내 안의 것이라면
소중하고 값지며 귀중하다.

이게 바로 내 안의 나를 찾는
소중한 행복이다.

구름 같은 삶

저녁노을에 비친
영롱한 빛깔 은은히 짙다.
서산마루 넘실대는 구름 같이
걱정이나 부족함 없이
그런 구름처럼 살고 싶었다.

그때 그 시절
먹구름 떼 지어 밀려오듯
겹겹이 쌓인 두려움이
내 힘겨운 삶을 넘나들었다.
폭풍우 몰아치는 장맛비가
하늘 뒤덮은 시커먼 구름에 밀려오듯
내 인생의 고비는 어려웠고
그때가 삶의 절정기였다.

구름은 말 없지만
어느 날 천둥 번개 연이어 쳐대며
하늘의 뜻인 양 경고를 쏟아냈다.
좀 더 조심하고 주의 할걸
겸손한 마음잡아 구름의 뜻 따를걸
농번기 단비 내리는 구름같이
뙤약볕 막아주는 구름처럼 살걸

감사하고 베풀고 나누고 살걸
세상살이 어려운 걸 몰랐다.

뜬구름 뭉게구름 같이
이리저리 팔자 좋게 시름없이
바람 부는 대로
구름 흘러가는 대로
떠다니는 구름처럼 줏대 없이
그렇게 한동안 산 게 죄라면 죄다.

구름 한 점 없는 파란 하늘 보고
한(恨) 새기고 원망한들
무슨 소용 있으랴...
그래도 이만큼 사람 도리 하고 살았으니
비 온 뒤 서쪽 하늘에 피어오른
아름다운 무지개구름 보고
나를 위로하며 만족한다.

나의 보물

보물은
먼 곳에 있지 않고
내 안에, 내 곁에, 내 주변에
알게 모르게 자리하고 있다.

보물이란
돈, 금덩어리, 재산만이
귀중한 보물은 아니다.
내 능력, 재능, 용기도
신의와 의리, 희생도
나눔과 배려, 용서도
항상 마음속에 품고 지킬 수 있는
더 좋은 무형의 보물이다.

눈에 보이는 보물
서로 가지려고 싸우다
모두 빈손 되고 만다.
지나친 욕심으로 가득 찬
내 마음의 검은 유혹은
해악(害惡)을 가져오고 난 후
내가 어리석고 바보였음을
뒤늦게 깨닫고 후회한다.

귀중한 보물은
언제나 내 마음속에 있다.
눈을 부릅뜨고 찾으려 하지 않아도
바로 내 안에 있지만
헌신(獻身)한다는 마음가짐 없으면
놓쳐 버리기 일쑤이다.

오늘도 아침 해는
어김없이 해오름 이어져
온 세상 밝혀 주고 있다.
눈에 보이지 않는 보물 두고
이럴까 저럴까 주저하지만 말고
이 목숨 다할 때까지
하나하나 줄기차게 내 것으로
만들어야 한다.

황혼의 길

지금 나는
황혼 길에 들어섰는데
처음 가 보는 길이요, 낯선 길입니다.
혼자 가는 미지의 길이라
두렵고 무섭기도 합니다.
머뭇머뭇 움츠리고 주뼛주뼛 서성이며
멈추고 싶어집니다.

세월은
기다림이나 쉼표도 없이
거대한 물결처럼 흘러만 갑니다.
막을 수도 잡을 수도 없고
전후 사정 외면한 채
더 빨리 앞으로만 나아갑니다.

나이 80이 지나면
좀 천천히 갔으면 싶지만
속도는 더 빠른 것 같습니다.
혼절할 정도로 속도감에 젖어
방황하고 있는데
올해도 그만 며칠 남지 않았습니다.

노인은
가는 세월에
신경 쓰지 말고 걱정 근심 접고
그러려니 하고 살라고들 합니다.
황혼길 천천히 걸어가면서
꽃보다 고운 가을단풍처럼
해오름 못지않은 서산노을처럼
뉘보다 멋있고 아름답게 멈춤 없이
조용히 걸어가려 합니다.

행복한 순간

행복은 숨어 있다.
알 것도 같고 모를 것도 같다.
누가 만들어 주는 것도 아니고
하늘에서 떨어지는 것도 아니다.
기다린다고 오는 것도 아니고
찾아간다고 만날 수도 없다.
내가 만들고 보듬어 주는 것이 행복인데
나는 지금 행복하다.
내 안에, 내 곁에 기쁨 즐거움이
오롯이 조용히 도사리고 있으니…

봄이다.
개나리 진달래 벚꽃 라일락
꽃은 더없이 아름답고 그윽하다.
꽃송이가 아롱아롱 새롭기만 하다.
나는 볼 수 있고 꽃이 제 모습으로 보이니
봄을 담은 내 마음
지금 바로 행복한 순간이다.

소나무 숲이다.
사람의 발길도 뜸한 산책길
새소리 지저귀고, 바람 소리 시원하다.

쫄랑쫄랑 도랑물 소리가 한결 어울린다.
마음의 아픔이 치유되는 숲길이다.
새소리 바람 소리 물소리가 한데 엉키어
내 귓전을 속삭이며 일깨워 준다.
숲속의 소리를 듣고 걸을 수 있으니
나는 지금 행복하다.

오늘도
서산에 해가 저무는데
나와 아내는 건강하다.
하나님과 조상에게 고맙고 감사하다.
선(善)은 결코 나를 배신하지 않는다.
오욕(汚辱)의 흔적이 없으니
나는 이 순간 가장 행복하다.

참을 인(忍)

친구 간 말다툼이다.
싸울 일도 아닌데 심상치 않다.

서로 이기고 질 문제가 아니다.
이쪽저쪽 모두 양보는 전혀 없으니
티격태격 난리가 난 꼴이다.
둘이 다 참지 않기 때문이다.

화기애애하던 자리가
금세 난장판으로 변하고 말았다.
상대를 무시 외면하면서
비꼬는 말투로 일관한다.
내가 괜히 싸움판에 끼어들어
버럭 화를 내고는
심한 어조로 양쪽을 다 나무란다.
싸움판이 더 커지고 말았다.

남의 싸움에 끼어들기는
화해에 도움이 안 되기 십상이다.
오히려 양쪽의 화를 돋우고 만다.
내 마음 다스리지 못하고
싸움의 상흔(傷痕)만 남기었다.

누구나 살면서
서로 부대끼며 마음 베이고
상처를 주고받기도 한다.
무관심하거나 외면하는 게 좋고
화가 나도 내 안에서 삭임이 더 좋다.
누구의 약점을 지적, 몰아붙이고
주제넘게 주변의 동의를 구함은
내가 어리석기 때문이니라.

참는 게 복이다.
싸움의 확실한 원이이야 있겠지만
화해할 마음이 없더라도
가을 파란 하늘 보고 다 지워버리고
참을 인(忍)자 셋이면 된다.

마음의 풍차

내 마음 나도 몰라
알 것도 같지만
나도 모르고 너도 모르는 건 마찬가지다.

수없이 겪었고 참았고
견디어 냈지만
나도 아프고 너도 아픈 건 매한가지이다.

끝없이 고맙고 감사하고
뜨겁게 느껴지지만
나도 시리고 너도 시린 건 똑같다.

우리가 헤어질 때
나도 그랬고 너도 말없이 바라만 보았다.
바람에 실려 갔나 구름에 실려 갔나…
약속도 없이 기약도 없이
너는 가고 말았다.

언제고 검은 먹구름과 함께
비바람이 세차게 몰아치면
고운 마음, 정다운 마음으로

마음의 풍차에 다시 실려
너는 내게로 다시 오고야 만다.

그때가 언제일까...?
바로 내일이 될 수도 있다.

그리움의 벗

그리움은
언제나 즐거움 안겨 준다.
나만이 마음을 조이지만
빙긋이 웃으며
나만의 사랑 그림을 그린다.
깨끗하고 순수하며 청순하리라
티 없이 해맑은
내 마음의 보고이다.

그리움은 기쁨을 준다.
늘 내 옆에 가까이 있고
내 머릿속에 가득 차 있다.
나의 숨결이고 목숨이며
내 몸 묶어 놓은 쇠사슬이다.
내 안에 존재하는
내 영혼의 반려자(伴侶者)이다.

그리움은 고독을 불러온다.
온기 없는 독방에 적막이 내리면
내 가슴 싸늘하게 식어 간다.
그대의 어정쩡하고 혼란한 모습
찾아 나서고 떠올려 발버둥 쳐도

끝내 망아적(忘我的) 방황 길에서
벼랑길 혼돈 속에 파묻힌다.

그리움은 희망을 안겨 준다.
겹겹이 쌓인 정겨움과
오랜 번민 끝에 용기 내어
다시금 굳은 결연을 다짐한다.
홀연히 새싹을 돋우면
그리움은 만개한다.

빛과 그림자

빛과 그림자는
누구나 갖고 품고 산다.
밝음 뒤에는 어둠이 오고
행복 다음 불행도 다가온다.
성공하지 못하고 실패도 한다.

빛과 그림자는
혼재하고 서로 투쟁한다.
어둠의 장막이 걷히고
빛이 화려함 일색일 때
현실에 안주하고 만족하면
어둠의 그림자가 뒤따른다.

그림자는 때때로 유혹한다.
밝은 빛만 추구하는
연약한 마음, 방탕의 길은
그림자의 늪으로 함몰된다.
패배감에 젖고 절망하다가
출로를 찾지 못하고 헤맨다.

설사 그림자의 영향으로
삶의 동력이 한계를 맞더라도
그림자의 어둠을 밟고 일어서는
역동적인 자기 혁신만이
내일의 도약을 약속할 수 있다.

그림자로 빚어진
고통과 고난을 수용하기 어렵다면
매사를 긍정적으로 보아야 한다.
배려와 나눔의 정신으로
이해와 용서를 생활화함으로써
내 안의 부정적인 장막의 벽을
과감히 제거해야 한다.

그림자를 제어하는 빛
영혼에 깃든 찬란한 빛이야말로
내가 만들고 내가 극복하는 것
여기에 기적은 없다.

그러려니 하자

살다 보면
언짢고 어이없을 때
어렵고 불가능할 때
도저히 이해하지 못할 때
그냥 못 본 채
그러려니 하고 지나치자.

신경 쓰고
집착하고 고민한다고
안 될 것이 되지 않는다.
마음 조이다 보면
내 몸만 축나니
그러려니 하고 멈추자.

희망 없고
절망의 벽이 가로막을 때
고통의 늪은 다가온다.
겨울의 나목(裸木)처럼
포기하고 살지 뭐...
그러려니 하고 잊자.

소중한 것은
아니다가 아니다.
부정하는 것보다는 긍정하며
인정하는 쪽이 더 편하다.
그러려니 하고 마음 풀자.

마음 비우고
내려놓으려 애쓴다.
비우고 살면
어느 때이건 나도 모르게
채워짐을 깨닫는다.
새봄이 오면
새싹 볼록볼록 세상 밖으로
나 보라고 돋아나듯이...

검정 고무신

5일장 장날
엄마가 막내아들 생일 선물로
마음먹고 사다 준 검정 고무신
헌신 더 해지면 신겠다고
마루 선반 위에 보관해 두었다.

엄마는 새 고무신 신으라고
몇 번 말하며 다그쳤지만
헌 신발 찢어진 부분
실로 이리저리 꿰매고서는
낡은 신발 몇 개월 더 신었다.

학교 가는 어느 날
새 신발 검정 고무신 신으면서
헌 고무신 한 짝 좀 멀쩡해서
깨끗이 닦아 선반에 얹어 두었다.
다행히 전에 보관해 둔 신과
짝이 맞아 기뻤다.

비 오는 날이나
동네 친구들과 놀이할 때
산에 땔나무하러 갈 때

산밤 주우러 갈 때
새 검정 고무신 아까워
헌 고무신 신곤 했지

오래 신던 검정 고무신과
기워 신던 양말 방한 기능 못해
겨우내 발 동상 달고 살았다.

검정 고무신에 담긴
그 시절 엄마의 애환은
지금도 따듯함이 배어 오니
영영... 잊을 길 없다.

나루터 유감

나루터는
읍내 오가는 길목이자 건널목
사람과 물자가 오가는 길
외떨어진 마을의 항구이며
마을 사람들 생명선이었다.

지금은 그 아래 큰 보가 있어
유유히 물결만 출렁이며
한가한 청둥오리 떼 모습만이
애처롭기 그지없다.
나루터의 흔적도 뱃사공도
사라져 안 보인다.
나루터가 지닌 눈물의 상흔을
강물은 알고 하늘도 안다.

6.25 전쟁 한창이던 중
우리 국군도 북한군도 건넜다.
나루터 오두막집 뱃사공 할아버지
쏟아지는 포화 속 아랑곳없이
적이 없었는지 피난도 안 가고
늙수그레한 영감님은
전쟁을 잊은 평화의 사자였다.

북한군 내려와
지주, 우파 인사들 죽이고
국군 수복 후엔 부역자들 죽였다.
나루터 주변 모래사장은
죄 없는 죽음이 이어진
무덤의 골이 되고 말 없다.

이루지 못한 우리네 평화
나루터의 혼이 깃들어 있는
저 강물, 파란 하늘, 산천초목에
우린 그저 부끄러울 뿐이다.

고향 생각

이번 추석엔
꼭 고향에 다녀오겠다고
굳게 다짐한 게 이루어졌네요.

고향을 찾는 마음은
예나 지금이나 매한가지입니다.
그리움으로 점철된
고향집, 개울가, 뒷동산, 옹달샘을 비롯해
순이네 집, 초등학교를
횡하니 차례대로 둘러보았습니다.
모두가 가슴 아픈 추억들입니다.

부모를 찾는 마음도
한 치도 변함없습니다.
부모님 어느 분도 안 계시지만
부모님의 끝없는 지평선 은덕에
불효가 태산이라 죄송했고
갚지 못한 죄책감에 지쳐
그만 울고 말았습니다.

옛적 내 집을 찾는 마음도
어릴 적이나 늙어서도
똑 같아 놀랐습니다.
지금은 그 누구의 양옥집으로 변했지만
큰 감나무 하나 덜렁 남아있습니다.
붙잡고 오르던 정다운 가지도
몇 십 년 그대로 버텨 내고 있습니다.

친구를 그리는 마음도
언제나 따스합니다.
윗말 철이가 우뚝 출세한 데 반해
아랫말 준석이 사업하다 폭 망했지만
우리들 어릴 적 정리야
누군들 잊을 수 없고.
변할 수 없답니다.

혼밥(孤食)

혼자만의 밥상은
언제나 쓸쓸한 기분에 젖고
무엇을 먹어도 밥맛은 덜하다.
돌을 씹는다는 느낌이고
죽어 있는 삶이란 지적이
맞는 말인지 싶다.

식사는
홀로가 아니라 마주해야 하고
여럿이 부대끼며 먹어야
제맛 나고 흥도 일며
즐거움이 더하다.

젊어서는 혼밥 견딜 만하다.
하루 이틀은 괜찮지만
죽을 때까지라면
고통이고 지옥이다.
목숨을 건
혼밥의 탈출이 절실하다.

오늘 저녁부터
식탁 위에 당신 사진이라도
가지런히 챙겨 놓자.

당신과 대화 주고받으면서
지난날의 꿀밥 상기하고
이름난 맛집이라 생각하면
혼자 먹기보다는 한결 좋을걸...

홍시 향기(香氣)

감나무 가지에
감 두 개 달랑 매달려 있네.

창공에 나부끼는 연분홍 홍시
달빛에 반사되는 연푸른 홍시
자식들 위한 마음 한 자락 얹어
기원하는 마음 끝이 없어라…

먹이를 배려해 남긴 까치밥
가을을 마무리하는 홍시 두 알
오늘 아침 까치 울어대더니
홍시 하나 반쪽 남고 말았네.

감나무 홍시 쳐다보는 마음
혹시 기쁜 소식이라도 올까…
군대 간 손자 휴가 오는지
딸, 사위 승진이면 더 좋은데
아들 사업 잘되면 최고지

어제도 오늘도 홍시 보며
가을걷이 뒤안길에
온밤 걱정하며 기다리던 소식
겨울바람 타고 올 것 같네

아직 가지에 남아 있는 홍시
홍시 살맛 품은 달콤한 향기
온 집안의 좋은 소식들 몰아
까치 소리 안고 들어오나...?
행여 안 오지는 않을 것이네.

문(門)

1.
문은
나가고 들어가는 통로이다.
대문, 창문, 싸리문, 대청문, 부엌 쪽문
모두 정이 담긴 문들이다.
언제나 열려 있는 시골집 싸리문
부엌과 안방의 쪽문은 하루 세 번 열리고
밥그릇 국그릇 왔다 갔다 하며
엄마와 따끈한 소통과 말벗의 구실도 한다.
여름 한낮 넓은 대청마루에 누워
대청 문 열어젖히고 우물 냉수 한 컵 마시면
이게 바로 사막의 오아시스다.

2.
대화의 문은
의사를 전달하고 소통하는 문이다.
너와 나를 가르는 단절의 문이 있고
내 편 네 편을 가르는 닫힌 문도 있다.
아무에게도 열리지 않는 폐문도 있다.
내로남불의 지옥문이 있는가 하면
서로를 이해하고 용서하는 열린 문도 있다.

문은 닫고 열라고 만들었는데
꼭 닫혀 있을 땐
문은 암흑을 지배할 뿐이다.

3.
마음의 문은
언제나 열려 있어야 한다.
새소리 물소리 닮은 해맑은 소리처럼
투명하게 전해질 수 있도록...
사랑하는 마음, 감사하는 마음이어야 한다.
화해, 소통, 협의한다고 하면서
욕심, 거짓의 흑심이 담겨 있을 수 있다.
내 문 열고 상대 문을 두드리는
진심을 담고
자연의 소리를 닮아야
영혼의 마음가짐이다.

주춧돌

잡초 속에 듬성듬성
보일락 말락 간간히 드러나 보인다.
수백 년 지났을까 천년을 견디었는지
폭풍우 몰아쳐도
전쟁의 수난을 수없이 당해도
역사의 흔적 굳건히 남아 있다.

주춧돌 모습에는
나라의 운명을 가늠할
망국의 한(恨)도 묻어 있다.
서리고 쌓였든 위기엔
선각자, 애국자, 농민이 주춧돌 되어
스스로 목숨을 던지고
내 나라, 내 백성 구해 냈다.

우리 동네
고목인 은행나무, 느티나무 보고
내 삶과 비유해 본다.
6.25로 일찍 가신 아버지 할아버지
내 살아온 길의 버팀목이었다.
아직도 변치 않는 주춧돌로 남아
나를 굳게 지켜 버티어 주고 있다.

지금도
나의 용기, 기백, 도약의 정신은
생명선의 주춧돌같이 거목(巨木)처럼
그 신념(信念)이야말로
어느 큰 절간 대웅전의 네 곳
모난 주춧돌과 같다.

돌탑(塔)

약수터 가면서
돌탑에 돌 하나 얹어 놓는다.
정성 가득히 담아 소원 빌고 나니
믿음과 희망이 교차함을
금할 수 없다.

돌탑에 돌 하나 쌓는 내 마음
하나 둘 차곡차곡 얹으면서
마음속으로 간절히 빌어 본다.
교회나 성당, 절에서 기도하는 마음과
바람이나 소원이 같을 수 있을까...?
하나도 틀리지 않다.

내 식구들 모두 건강하고
손주들 좋은 대학 가기를 기원한다.
하늘 바라보고 하느님에게
산 정상 보며 산신령님에게
정의와 양심, 나눔에 정진하겠다고
더불어 약속한다.

돌탑이 내 마음을 알아줄까...?
소나무 숲속의 불어오는 바람은 알까...?
파란 하늘이야 내 마음 알 듯싶다.
반짝이는 별도 둥근 달도 알겠지.
이런들 저런들 어떠랴.
내 소원은 돌탑 수십 개에 숨어 있다,

돌탑을 향한 기원은
일종의 샤머니즘일 수 있다.
돌탑이 내 소원을 들어주든 안 들어주든
난 내 삶에 충실하면 된다.

골목길 향수

1970년대 초
내가 살던 집 서울의 골목길은
꼬불꼬불 언덕길에 정이 서려 있고
빠져나가는 미로의 길에도 희망이 있었다.
세상이 무엇인가를 일깨워 주는 듯
그곳엔 낭만과 꿈이 있었다.

골목길에는
서민의 애환이 담겨 있었고
앞뒷집, 옆집 간 끈끈한 정도 깊었다.
서로 나눔이라는 인정의 따스함도 있었다.
딸랑딸랑 두부 장수 아저씨 종소리
짤칵짤칵 엿장수 할아버지 가위 소리도 정다웠다.
입구에서 끝까지 누가 살고 있는지
어느 집 애들이 공부 잘 하고 있는지
어느 대학에 합격해 허리 펴고 다니는지
끝집 청년이 고시 합격한 것도 알려졌다.

골목 내 집들은
모두 조그맣고 아담한 기와집
담은 높았고 철망 친 집도 있었다.
대문은 담보다 높았고 철문을 선호했다.

왜 그렇게 하고 살았을까...?
골목길은 어두컴컴함에 두려움이 있었고
도둑이 자주 들어서서 그랬다.
그 시절 구두도 빨래 옷까지도
훔쳐 가는 그런 세상이었다.

50년이 지난 지금
재개발, 재건축에 밀리어
골목길, 올망졸망한 집들은
흔적도 없이 사라지고
아파트 건물만이 살벌하게 들어서 있다.
억, 억 하며 투기 열풍이 몰아친 이곳에도
그리움, 정다움, 기다림은 오간 데 없고
아파트 단지에는 전과 달리
허전하고 쓸쓸한 기운만 감돌고 있다.

허수아비

요즘
들판이나 산자락에
허수아비 찾아 보기 어렵습니다.
허수아비의 필요성이 절감해서 그렇지만
새들도 약아빠져 그런가 봅니다.

우리네 주변에선
허수아비처럼 살지 말라고들 말합니다.
실속 없는 삶에다
보여 주기식 허상(虛像)을 쫓는
이런 사람들 대놓고 나무라는 말입니다.

허수아비는
보지도 말하지도 듣지도 못합니다.
살아 있다는 모습만을 보여주며
거짓말하지는 않습니다.
속고 속임이 난무하는 세상에서
허수아비는 독야청청 독백(獨白)의 자세로
사람 모습만을 보여줍니다.

허수아비는
손, 발이 안 움직이고 뇌도 없어
남을 해치는 폭력을 사용하지 못합니다.
오직 새를 쫓아내야 한다는 일념으로
주인을 섬기는 일에만
충실히 봉사할 뿐입니다.

지금은 디지털, AI 시대입니다.
허수아비 식 사고는 퇴물입니다.
비전과 창의성이 넘치는
새로운 삶의 방식에 몰두해야 합니다.

우리는 지금
허수아비의 양심 세계를
거울로 삼아 보듬고 살아야 합니다.

무인 판매

1.
우리 동네엔
밭농사를 짓는 사람이
마을을 가로지른 개천 둘레 길가에
각종 야채를 큰 나무 상자에 넣어 두고
무인 판매를 하는 곳이
두 곳 생겨났습니다.

2.
누구라도
준비된 조그만 박스에
정해 놓은 가격표대로 돈을 넣고
가지, 호박, 열무, 얼갈이배추를
따로따로 담아 놓은
비닐봉지를 갖고 갈 수 있습니다.
무공해 농산물인 데다
맛도 일품 뛰어나
마트 상품과는 비교가 안 됩니다.

3.

야채 무인 판매는
서민들 마음 주고받음이 교차되는
아름다운 나눔의 장소이기도 합니다.
구매자의 양심을 내 것으로 믿는
약식 판매 행위입니다.
봄부터 가을까지 지속되고 있으니
자리를 잡은 셈입니다.
믿음과 믿음이 서로 공감대를 이룰 때
우리 사회는 갈등과 대립이 완화되며
화합의 밝은 미래가 보장됩니다.

4.

선진국은
경제의 발전만이 아닙니다.
진정한 양심 사회가 양쪽 날개를 달고
하늘 높이 훨훨 날아오를 때
우린 자랑스러운 선진국이라고
자신 있게 말할 수 있습니다.

II.

삶의 향기

젊은 미소

미소를 지으려면
마음이 맑고 고와야 한다.
어둡고 검은 마음으로는
미소를 지을 수 없고
미소를 머금은 표정도 내기 어렵다.

미소는
혼자 빙긋이 지을 수 있는데
무언가 반갑고 기분 좋을 때이다.
혼자만의 미소라도
자신에게는 마음의 위로와 함께
힘과 용기도 일군다.

마주한 미소는
가치의 심도가 깊고 진하다.
상대가 화답(和答)의 미소를 보이면
미소를 보낸 감정이
서로 함박꽃의 웃음을 피운다.

미소는
마음이 일그러져 있거나
찡그린 얼굴에서는

전혀 나올 수 없다.
억지로 만든 미소는
주변의 반감을 사기 일쑤이다.

미소에는
어이없다거나 역겹다는
비웃는 냉소적 미소도 있다.
자기 의견이나 이익에 안 맞아
결과에 동의할 수 없다는 뜻으로
통이 좁은 졸부의 작태이다.

미소는
이른 봄 화사한 벚꽃미소가
최고의 가치를 지닌다.
청초한 백합꽃미소도 수준급이다.
젊은 미소란
값진 미소를 이르는 말이다.

나의 꿈과 소망

꿈은 소박해야 합니다.
분수에 넘는 꿈도
허황된 꿈도 안 됩니다.
욕심이 넘치거나 부도덕한 꿈은
멀리해야 합니다.

꿈이 없다고
포기하면 죽은 인간입니다.
꿈이 작든 크든
가슴속에 보물처럼 간직해야 합니다.
누가 뭐래도 내 꿈은
내 삶의 버팀목이자
주춧돌이며 소중한 존재입니다.

이제나 저제나
건강에 대한
바람, 소망은 굳건합니다.
눕지 않고 걸을 수 있고
손과 발이 멀쩡하며
아내가 건강하다면
더 바랄 게 없는
행복한 나의 현실입니다.

나의 앞으로의 소망은
당신의 은혜와 사랑에
어떻게든 보답하는 것입니다.
나의 마음에는
하나도 거짓이 없습니다.
보기 좋게 포장하지도 않습니다.
오직 당신의 행복, 건강과
당신과의 아름다운 동행(同行)을
간절히 바랍니다.

아직 늦지 않았습니다.
당신과 내가 지금
청춘이라고 생각하면 젊음이 옵니다.
몸과 나이는 얼마든지 스스로
극복할 수 있는 유한의 영역입니다.
비우고 내리고 겸손하면
이해하고 용서하면
세상에 늦은 것은 없습니다.
나의 꿈은 이루어집니다.

낙엽인생

찬 바람 이기지 못하는 나뭇잎
빛바랜 잎새들 우수수 떨어진다.
어디로인지 바람 부는 대로 이곳저곳
날리고 구르고 겹겹이 쌓여
한구석으로 몰리더니 조용해진다.

세상아... 몹시 서럽고 서러워라...
누군들 낙엽처럼 시들고 싶어 시드냐
주름지고, 흰머리 일색, 굽은 허리
전철에서나 병원에서도 은행에서도
열외이고 귀찮은 존재로 괄시받는다.

낙엽 같은 대우받고 좋을 리 없지만
나의 삶 한겨울 편히 지내려 마음잡는다.
마지막 한 잎처럼 버티자고 다짐하지만
눈보라, 삭풍, 동장군 이길 수 있을까...?
노인은 노인답고 슬기롭게 살아야지.

낙엽도 이제 안녕이란 겨울 이름 짓고
따듯한 땅속에 영면(永眠)의 거름 되듯이
나도 낙엽인생의 숙명을 극복하면서
영혼을 노래하며 힘차게 살아가련다.

나의 그릇은

사람 됨됨이는
눈빛만 보아도 알고
언행을 보면 모두 파악된다.

그 사람
원래 그릇이 그것뿐이야 하면
크게 될 사람으로 안 보인다는 의미이고
그릇보다 작게 노는데 라고 하면
그릇 값 못해 보인다는 뜻이다.

그릇은
크기가 각기 다르듯이
사람을 평하는 그릇의 표현도
크고 작음의 차이가 서로 다르다.
인성, 능력, 개성의 차이도
그릇을 비유해서 평한다.

그릇에 대한 잣대는
수학의 수치와는 다르다.
부(富)와 권력의 수준과도 다르다.
주변에서 보는 평균치로

보편타당성을 갖는 평가의 내용이며
본인의 의사와도 무관하다.

나의 그릇은
잘 살았나, 못 살았나
봉사하고 베풀고 나누고 했나
덕을 베풀었나,
항아리처럼 넓고 가득하게
도자기처럼 빛나고 우아하게
꽃같이 아름답게
바위같이 듬직하게
느티나무 같이 버팀목 되게
이도 저도 아닌 것 같다.

내 그릇 수준은
왈가불가할 처지 못 된다.
그저 평범한 시민으로
남에게 피해 안 주고
폐가 안 되는 사람으로 살았다.
내 그릇에 대한 평이 맞을까...?

나의 얼굴(自畵像)

핸드폰에 소장된
몇 년간의 내 사진을 보고
너는 누구이며,
어떻게 살아왔는가...? 라고 물어본다.

얼굴 자세히 보면 볼수록
나의 불만은 넘친다.
피부색도, 검버섯도, 주름도,
왜 늙고 힘없이 처져 보이는지...?
늙었어도 의젓해 보였으면
밝고 환한 모습이었으면
그렇지 못하고
밉고 불쌍하고 역겹기도 하다.

보기 싫은 얼굴이 맞다.
쭈글쭈글, 쪼글쪼글 고생 줄 역역하다.
크나큰 어려움에 시달린 모습이다.
눈은 밑으로 기운이 처진 듯
살결은 탄력이 전혀 없고
등은 조금 굽은 데다
어깨도 처져 보인다.

지금까지, 나는
비겁하거나 치졸하게 살지는 않았다.
어려운 세상 견디어
참고 이겨 내려 애썼다.
가급적 욕심은 내려놓는 선에서
나무를 보지 않고 숲을 보려 했다.

자성(自省)의 마음가짐으로
앞으로의 삶에는
좀 더 모든 걸 더 내려놓고
텅 비움과 나눔의 평안한 외길을
터벅터벅 걸어가고 싶다.

고독

고독은 병(病)이다.
고독하다는 사람은
고독의 굴레에서 항상 벗어나지 못하고
고독으로부터 탈출하기보다는
고독의 늪 속으로 더 깊숙이 빠져든다.
고독의 맛을 마음껏 즐기고
고독의 진수를 느끼지만
고독의 위험성을 외면한다.

고독은 자유다.
고독을 즐기는 사람은
누구의 간섭이나 통제를 받지 않는다.
고독함으로써 고독하니까
마음의 아픔, 고통, 절망이 다가오더라도
자유라는 낭만적인 생각에 젖는다.
고독의 긍정적인 사고에 연연하며
고독의 낭만적 사고를 탐닉한다.

고독은 창조(創造)이다.
고독은 폐해보다 이득이 크다는 신념이다.
모든 정신적 창조물은
고독의 심화에서 유래한다는 믿음이다.

고독 없이 문화 발달은 있을 수 없고
심오한 고독이 고독으로 이어져
한 단계 업그레이드됨으로써
문화 창조가 이루어진다는 생각이다.

고독은 친구이다.
인간은 누구나 고독하다.
나만이 고독한 것은 절대 아니다.
산다는 것 자체가 고독의 연속이다.
고독에 함몰되는 것이 진실한 삶이라면
고독 자체는 절실한 친구이다.

고독은 향수(香水)이다.
남의 고독은 보잘것없어 보이고
내 고독만이 고독인 양 맛있게 느껴진다.
고독의 맛과 고독의 멋을 사랑하고
고독을 슬기롭게 이겨내면
고독의 폐해를 줄일 수 있고
고독은 내 안에서 승화(昇華)된다.

고독의 늪

고독이 쌓인다.
멀리하려 애써 외면하면 할수록
낙엽이 쌓이듯 겹겹이 포개진다.
고독의 외로움, 슬픔의 맛은
씁쓸하고 텁텁하고 떫기도 하다.
애잔한 맛도 있긴 하다.

고독은 몰려온다.
내게만 계속 다가오는지
나만 고독한 듯하다.
머릿속 휘젓는 메마름의 전사처럼
병기(病氣)도 일어나고
고독의 맛이 달콤하기만 하다.

잠을 잊은 한밤
잠자리 뛰쳐나오지 못하고
젓가락 확 꺾이듯
내 마음 쌍동 자름에 기가 저문다.
무엇에 짓눌리어 숨죽이듯
고독에 잠기어 고뇌한다.

고독은 끝이 없다.
마음과 몸을 좀먹고
내가 정신을 차리려고 할 때
내 영혼까지 지배하고 훼손한다.
나를 잊게 만든다.

고독을 극복하려면
고독을 멀리하기보다는
고독을 사랑해야 한다.
고독 위에서 나를 세우고
고독을 스스로 지배할 때
내 마음가짐은
긍정의 힘으로 변하고
마침내 고독의 늪에서 벗어난다.

고독의 칼날

가을은 사색의 계절
생각에 젖다 보면 고독에 잠긴다.
헝클어진 상념 속에 번민하며
고독을 즐기고 만끽하려 한다.
어느새 가을의 한복판에 와 있다.

모두 내 편이 아니고
나만 외롭고 홀로인 것 같다.
고독이 무섭고 두렵기까지 하다.
이내 절망의 나락으로 떨어진다.

고독을 멀리하면 할수록
더 가까이 내 주변을 감싸고 맴돈다.
마음의 상처는 더 깊어만 가고
고독의 칼날이 심장을 겨누어
마침내 숨을 가쁘게 한다.

내 안의 고독은
공존하는 삶의 원천이기도 하다.
외면하고 적대할 것이 아니라
가을에 만물이 열매를 맺듯
고독의 열매로 승화(昇華)시켜 보자.

고독의 칼날은
자해(自害)를 도모하는 해충이지만
도약을 약속하고 자양분이 되는
밑거름이자 산실(産室)이 맞다.

고독 없는 삶은
허무한 삶이며 무의미한 삶이다.
고독함으로써 존재의 가치를 가지며
고독을 끝없이 사랑함으로써
내 안의 내 모습을
바르게 찾을 수 있다.

삶의 정도

희망을 갖고 살면
하루하루 즐거움을 만끽한다.
고통, 고난, 두려움은 오간 데 없고
기쁨과 흥이 날뿐더러
즐거운 마음이 출렁인다.

희망의 싹이 보이면
마음속 한결 뿌듯해진다.
모든 일이 나를 위한 듯
긍정의 마음에 젖고
무엇이든 나누고 싶어진다.

희망, 소망, 바람은
가슴속 깊이 지니고 살되
욕심으로 변질되지 말아야 하고
소멸, 실패로 둔갑하는 일도
일어나서는 안 된다.

설사 실패하더라도
실패는 실패로 남겨 둔다.
실패에 연연하지 않는 노력이

새로운 희망의 싹을 트게 하고
보람찬 삶의 도약을 촉진한다.

마음속으로
드높은 하늘 바라보고
두 손 모아 기도하며
내 소원 힘주어 두드린다.

희망이 없는 삶은
암흑이며 죽음이다.
희망이 있음은 곧 행복이요
희망과 소망은
삶의 정도이고 보루(堡壘)이다.

삶의 지혜

사랑할 때는
보는 눈이 여리고 마음은 열려 있다.
모든 게 좋아 보이고 즐겁기만 하다.
세상이 다 내 것처럼 여겨지고
나를 위해 존재하는 성싶다.
사랑이 행복을 준다고 믿는다.

미워할 때는
주는 것 없이 밉고 보기도 싫다.
웃는 얼굴이 밉상으로 보인다.
미운 감정만 가슴속에 넘치고
칭찬할 일도 비난의 대상으로 삼는다.
미운 나머지 내 앞에서 사라지길 바라는
졸부의 심성에서 헤맨다.

용서할 때는
깊은 반성과 성찰이 꽃을 피운다.
가슴이 따듯해져 이해하고 존경한다.
하늘의 뜻임을 알아차리고
마음속 아로새겨 평온에 젖는다.

삶의 지혜, 기술은
내가 잘 선택하기 나름이다.
언제나 내 마음 열어젖히고
양보와 겸손을 미덕으로 삼으면
바르게 선택한 내 삶은
길이길이 영롱하게 빛난다.

인생 낙원

사람 사는 곳에
낙원이 있을까...?
혹시 나만 낙원에 살지 못한다고
매일 전전긍긍 불안감에 젖어
더 나은 곳, 더 좋은 곳을 찾아
헤매고 방황하는지 모른다.

낙원이라는 곳은
천당, 에덴의 동산을 의미하는지
아니면 무릉도원, 보금자리를 말하는지
세상에 이런 낙원이 있기는 있는지
알다가도 모를 일이다.
낙원이라는 곳에 산다면
진정 행복한 삶이라고 느낄까...?
확신이 서지 않는 대목이다.

내가 살고 있는 아파트
냉난방에 따듯한 물도 나오고 전망도 좋다.
낙원이라고 하면 그렇다.
더 바랄 것이 없기도 하지만
그게 다는 아닌지 싶다.
그 옛날 찢어지게 못살던 시절

우물, 장독대, 닭장이 달린 초가삼간 집
지금 더 그리운 게 사실이고
그 시절이 더 행복했던 게 맞다.

행복의 조건은
삶의 경제력, 주변 시설, 자연환경보다는
마음의 행복이 더 우선이라고 여겨진다.
편안하게 홀로 풍족한 삶의 영위가
행복이 아니라
사람들과 어울리는 복잡한 관계 속에서
화해, 나눔, 사랑이라는
인간애 정신이 화합을 이루어
삶의 보람을 만끽할 수 있을 때
이게 바로 행복한 삶이고
인생 낙원인 곳이다.

욕심의 유혹

사람들은
끊임없이 욕심의 그늘과 덫에 갇혀
허덕이며 살아간다.
욕심의 끈을 놓지 못하고
더 굵고 강한 욕심의 동아줄을
잡으려 애쓴다.

삶의 욕심은
동물적 속성이며
삶의 원초적 소유 의식이다.
지나친 과욕이 이성을 잃게 하며
때때로 인성 마비를 불러온다.
허상을 좇다 자아 상실에 이르고
끝내는 범죄적 행위를 정당화하는
만행으로까지 번진다.

욕심의 추구는
멈춤이라는 한계가 없다.
도덕적 인륜에 반하는 욕망이
범사회적 비판 여론의 공세를 받더라도
이에 아랑곳하지 않고
외면하거나 거부하기 일쑤이다.

온갖 범죄는
못된 욕심의 극치에서 비롯하며
지나친 욕심에 대한
자제를 외면함에 기인한다.

누구라도
욕심의 강한 유혹에서
자유로울 수가 없다.
맑은 영혼은
그렇게 쉽게
얻어지는 것이 아니라
자기와의 결연한 투쟁에서
욕심을 억제하고 자제할 때
쟁취할 수 있다.

생명의 한계

누구나 살아가면서
죽을 고비를 한두 번 넘긴다.
죽고 싶다는 말을 거듭하지만
그 말은 생의 애착이 담긴
하소연이자 푸념일 뿐이다.

지는 해처럼
생명이 가물거림을 알아차리고
고독과 외로움이 겹겹이 쌓일 때
하늘의 뜻이라는 절박함을 실감하고
삶을 포기하거나 죽음을 준비하며
이성마저 잃기도 한다.

끊지 못하는 생명
사경을 헤매는 일이 빈번해지면
세상이 다 나를 버렸다고 원망한다.
내 지성도 의지도, 새로운 결심도
파란 하늘의 새털구름처럼
소리 없이 물거품처럼 사라진다.

창살에 비치는
아침 햇살에 힘입어 용기 되찾고
재기할 수 있다는 소망을 다시 갖는다.
일루의 희망이 있다고 격려하면서
생명의 소중함을 가슴속에 간직해 본다.
천수를 누림은 내가 지킬 수 있는 영역이지
남의 도움을 받을 수 있는 부문이 아님을
실감하고 깨닫는다.

죽음이 무엇인지...?
본연의 의미를 새롭게 조명해 본다.
생명의 끝이 제각각이라는 뜻에도
영겁(永劫)의 세계로 환원된다는 주장에도
힘들게 동의하면서도
못내 아쉬워하며
오늘보다 더 나은 내일의 삶이
지속되기를 기원한다.

소통의 가교(架橋)

나라 안팎이
온통 불통의 도가니로 시끄러우니
희망은 없고 절망만이 나부낀다.
누가 누구를 탓하고 비난할
계제도 명분도 없건만
상대방에 대한 심한 비방 공세로
편 가르기에 이골이 나 있다.

불통의 문제는
가정에서도 마찬가지이며
가장 중요한 게 부부 간 가족 관계이다.
소통이 되는 집안은 화목하지만
불통인 집안은 대화가 끊긴 채
어둡고 답답하여 우울해진다.
질병이 유발되기 쉽고
서로의 연(緣)도 끊으려 하니
어둠의 장막이 집안을 지배한다.

갈등의 골이 깊었던 사람과
소통이 원만해지면
10년 묵은 체증 풀린다고 한다.

하늘은 더 푸르고 높은 것만 같고
뒷산의 뻐꾸기 소리도 듣기 좋다.
세상은 나를 위해 존재하는 듯
기분이 상쾌해지고 밥맛도 난다.

소통은
삶의 질을 개선하고
생명의 가교 역할을 한다.
소통이 장수의 핵심 조건이나
불통이 길들여진 사람은 단명하다.

소통의 가교는 믿음이며
믿음의 은혜는 사랑이다.
소통, 믿음, 사랑이 어우러질 경우
내 마음속엔
진정 평화만이 깃든다.

만나고 싶은 사람

만남은
마음의 설렘이 일고 기쁨은 가득하다.
만나서 즐거운 사람 있고
언제나 만나고 싶은 사람 있다.
헤어져도 만남의 기억이 새롭고
삶의 새로운 에너지가 되는
만나고 싶은 사람이 있다.

만남의 효과는
샘물이 개울물 되고 강물 되어
바닷물이 되듯
만남으로 쌓인 우정은
바닷물처럼 끝없이 드넓게
지평선 너머로 아로새겨
내 삶의 안내자가 된다.

만남에서 들은
그대의 말 한 마디가
섬광처럼 빛나는 좌우명이 되었지.
내가 방황하고 길 잃을 때
그대의 시원한 충고 한마디가

굳은 신념의 용기를 일게 하여
반전의 기회를 주었네.

그대의 솔직한 말이
내겐 반성과 성찰의 기회도 주었지.
그대의 진실하고 솔직한
믿음과 사랑의 미소가
내 머릿속에 가슴속에 아로새겨
영원히 지평선 넘어 영혼으로 남아있네...!!

이별의 순기능

1.
만남과 이별은
정반합의 원리인가 아닌가,
밝음과 어둠의 관계가 맞다.
흑과 백이 도사리어 어깃장 놓는
화해와 싸움의 관계이다.
만남은 처음부터
이별을 예고한다 하지만
이별이 만남으로 복원되는
화해의 순기능이 있기도 하다.
만나고 헤어짐은
자연의 순리이다.

2.
헤어지려면
곰곰이 생각하고 주저한다.
부부, 친구 간에도
당차고 힘겹게
차디찬 마음으로 무장한 채
용기와 결단 결행의
순간이 도래하기도 한다.
그와는 이별하겠다고

선언하고 통고하고 난 다음
엉엉 울고 만다.
이별한 후
이성 자존감 자신감을 되찾고
상실감이 소멸되었다고
자신을 추켜세운다.
미움 원망 저주로 이어진
현실을 인정하고
새로운 현실 세계라고 노래하며
나 홀로 만족감을 만끽한다.

3.
어느 날
분신처럼 가까웠던 사람과
생이별을 감내하곤
남의 일인 양 터부시하고
애써 외면한다.
모두 상대 탓이라고 단정하고
위로하고 자위하지만...
아니 그의 잘못보다는
내 그릇이 작고 좁아서일 게다.
보듬어 다듬고 주의했더라면

이별은 아예 처음부터
있지도 않았다.

4.
이별은
원래 두렵고 무섭다.
처음의 만남으로 돌아가기에는
어렵고 너무 늦었다.
상대와의 싫은 인연은
과감히 정리하는 게 좋다.
끊을 것은 끊어 내고
매섭게 헤어지고 살아야
내 삶이 맑고 편해진다.
이별의 순기능이다.

버릇의 특성

버릇이란
나쁜 의미가 포함되어 있다.
못된 버릇 한두 가지는 갖고 사는 게
우리네들 일상의 삶이다.

버릇없다는 평은
자신의 특성이며 스스로 만든 것이다.
버려야 할 버릇은
나도 알고 너도 알고 하늘도 다 안다.
충고와 조언 비난도 수없이 받았고
고치려 끊으려 부단히 애썼지만
굳히기는 쉬어도 떼어 내기는 어렵다.
나쁜 버릇 습관이란 그놈
뭐가 그리 좋은지...
몇 십 년 간직한 채 살고 있네.

오랫동안 버릇을
알뜰살뜰 사랑하고 키웠는가 보다.
머릿속 가슴에 대못 박고
자랑거리인 양 내세우기도 한다.
그 못된 버릇에
더 입히고 색칠하고 보호해서

후레자식이란 소리 들으면서까지
굳어진 내 버릇 못 버린다.

버릇은
나도 모르게 너도 모르게
자신을 상징하듯 스스럼없이 나타난다.
가는 세월 멈출 수 없듯이
오는 세월 막을 수 없듯이
대들보처럼 한자리 차지하고
멈춤 없이 갖고 산다.

식은땀

1.
한참 자고 나니
온몸이 흥건히 젖어 있다.
열도 없는데 식은땀으로 뒤범벅 된 꼴이다.
잠자기 전 크게 잘못했다고 뉘우쳤고
내 스스로 돌아보며 마음 조였다.
그래서는 안 된다고 다짐하였지만
그만 내 욕심 지나쳤는지...
원만하게 자제 못 하였고
갈등의 송두리 머릿속에서 지우지 못했다.
상대를 무시하고 외면하겠다고
당차게 결심하고는
잠을 설치고만 나이다.

2.
밤하늘의 별빛은 내 편이 아니었고
귓전을 스치는 영혼의 소리도 내 쪽은 아니었다.
스트레스, 불안이 식은땀의 원흉이었고
때때로 진땀이 나기도 한다.
내가 만드는 스트레스가 가장 큰 문제이고
외부에 의한 스트레스보다는
내 안의 스트레스가 더 위험하다.

스트레스를 받지 않기 위해서는
무엇이든 무리하지 말고
나쁜 일에 집착하지 않는 게 좋다.
일도 섭생도 운동도 공부도 적당한 선에서
조금은 부족한 듯 멈춤의 지혜를 품어야 한다.
건강에 대한 지나친 자신감도 불안도
해가 됨을 알아야 한다.

3.
사람은 식은땀이 아닌
건강한 비지땀을 흘려야 한다.
비지땀은 식은땀을 치유하는 치료제이니까…
육체적 운동을 열심히 하면
이마에서 시작한 비지땀이 온몸으로 번지고
만족감, 자존감, 자신감이 넘친다.
감사, 봉사, 배려의 마음도
바로 식은땀을 치유하는 기폭제가 된다.
화를 내거나 시기와 질투에 전념하든가
물욕에 지나쳐도
식은땀이나 진땀이 난다.

4.

숙면은 식은땀을 잠재운다.
잠을 잘 자려면
무엇보다 마음의 평온이 긴요하다.
무엇보다 걱정이 없어야 한다.
내 걱정도 벅찬데 나라 걱정까지 보태지면
등골이 오싹해지는 두려움에 이른다.
나라 경제가 어디까지 추락할지...
우리들 앞날은 요지경이고
늪에 빠져 허덕이고 있음이 분명하다.

간이역

비 오는 날
빈 간이역의 저녁나절
오가는 사람 아무도 없으니
썰렁하고 허전함이 깊디깊다.

간이역은
시간이 온통 멈추어 선 모습이다.
어느 때부터인가
기차가 그냥 지나갔지만
이젠 일체 서지도 않는다.

예나 지금이나
간이역은
도시로 떠난 고향 사람들
재회를 다짐한
마음속 휴식처였고
망각의 벽을 깨트려 일깨우는
혼(魂)의 역할을 했다.

기적 소리 흩날릴 때
어디선가 뻐꾸기 울음소리도 섞인다.
기차는 간이역을 지나가지만

내 인생의 진로는
이제 쉼표를 아로새겨 본다.

따스한 간이역 모습을
가슴속 깊이 안아 보고
내 마음 다시 돋우고 힘내어 보는
한 폭의 풍경화를 그려 본다.

징검다리

오랜 옛날
우리 마을 앞 징검다리는
마을 사람들 생명선이자 보물이었다.
징검다리를 건너야 학교에 갈 수 있었고
5일장 장터에도 갈 수 있었다.

6.25 전쟁 중에는 아예 사라져
물을 휘젓고 건너다녀야 했다.
큰 장마가 지날 때도 흔적도 없이 사라진다.
징검다리 끊어지면
어린이는 학교에 못 갔고
엄마는 장에 무얼 팔러 가지 못했다.

징검다리 건너편
언제나 나를 기다리며
늘 학교에 같이 가던 친구 있었다.
징검다리가 없어졌을 땐
기다리다 혼자 학교 가면서
내게 손만 흔들고 갔다.
지금도 그 친구의 다정했던 손길
저만치 파란 하늘에서
가끔 나를 소리 내어 부른다.

우리들 지금의 삶에
징검다리가 부실하고 없는 듯하다.
분란, 대립, 투쟁, 싸움으로 얼룩진
우리들 사회엔
이해와 용서, 화합과 협력에
큰 도움을 주는
징검다리가 있어야 한다.

외갓집

옛날 외갓집 가는 길
산 넘어 산이다.

두 번 산을 넘어야 하니
산 넘으면 또 산이다.

산을 힘들게 넘지만
개울도 두 번 건너야 했다.

장맛비 쏟아지면
큰 개울물 갑자기 불어나
징검다리 건너지 못해
집에 돌아올 수 없었다.

엄마와 함께
외갓집에 갇힌 게
난 너무 너무 좋았고
외할머니도 좋아했다.

전원주택

이 산 저 산 산자락에
우후죽순 격으로 전원주택 들어선다.
지역 내 인구도 확 늘어난다.
기차역 인근 5일장엔
천년시장과 민속 5일장이 개설되고
여기저기 들썩들썩 활기를 띤다.

은퇴 이후의 꿈을 실현한
전원주택 입주민들
처음엔 활기차고 분주하고 바쁘다.
얼굴엔 미소가 가득하고
전원주택과 주변 자연환경을
쉼과 치유의 공간으로 여기고 산다.
부부 일심동체로 집안은 평온하며
지역 활동에도 적극적으로 참여한다.

나이는 깊어 가고
일상의 변화가 전혀 없다 보니
쉽게 외로움과 고독에 젖어
심리적 압박감에 우울증을 겪기도 한다.
집안 시설 보수, 정원 관리, 텃밭 농사도
점차 귀찮고 힘에 버겁다고 느껴진다.

부부 간 티격태격 의견 충돌 잦고
자식들과의 관계도 멀어진다.
개인적 고독과 사회적 고립감이 얽히어
전원생활에 염증이 돋아난다.

느닷없이 시골 마을에서
부부 중 누구 하나라도 중병에 걸리면
집안은 중구난방 난리가 난다.
모든 일상이 불편으로 일관하고
이러지도 저러지도 못하며 갈팡질팡
전원주택 생활이 혼란으로 변하자
마침내 후회하기에 이른다.

시골 마을 도처에
아파트, 연립주택이 연이어 난립한다.
전원주택에 정착하지 못한 사람들
도시로의 귀환이 어려운 사람들
부근 아파트나 연립 주택으로 옮긴다.
꿈이 헛꿈으로 끝나고 말았다.

III.

지혜로운 일상

삶의 웃음꽃

웃음이 나온다.
피식 웃기도 하고
빙그레 웃기도 한다.
실없이 싱겁게 힐끗힐끗 웃기도 한다.
여럿이 모두 손뼉 치며
큰 소리 지르고 웃기도 한다.

웃고 웃자.
웃어야 내가 좋고 너도 좋다.
너와 내가 아니 우리 모두가
웃고 서로 즐기는
웃음꽃을 피워야 한다.
웃음꽃이 몸으로 마음으로 스미어
피고 또 활짝 피면
마음의 안정과 평화를 누린다.

웃을 일이 없어도
억지로라도 웃자.
냉소(冷笑)가 빚어내는 역겨움이 있어도
비웃음이나 허탈한 웃음이 나오더라도
소리 내어 큰 소리로 웃자.
내가 웃고 네가 웃으면

모두가 웃음꽃을 피울 수 있다.

봄을 알리는 개나리 진달래꽃
살짝 웃으며 웃음꽃 선사한다.
4월부터 가을까지 피는 민들레꽃
강인한 저항 의식을 간직하고
환하게 반기며 웃는 모습
살아갈 길 가르쳐 주는 웃음꽃이다.

친구

나이 깊어갈수록
진정한 친구를 많이 가져야
외로움, 고독을 극복하는데 유리하고
일상의 즐거움도 증진되어
건강과 장수에 유익하다고 한다.

친구다운 사람이란
아침 동녘의 해오름같이
서광의 빛이 되어 주는 사람이다.
대청마루 대들보같이
튼튼한 버팀목이 되어 주는 사람이든가
아니면 마을 앞 느티나무같이
의지가 되고 힘이 되어 주는 사람이다.

친구 간 우정에
무겁고 가벼움을 저울로 잴 수 있는지
높고 낮음을 제대로 가늠할 수도
깊고 얕음을 알아차릴 수도 없을지 싶다.
내가 진정 친구라고 생각하는 사람도
나를 전혀 친구로 여기지 않을 수 있다.

절친한 친구를 갖고 싶다면
정을 주는 일에 기꺼이 나서고
연락하고 만나는 일에 집중하고
기대 이상의 희생정신도 보여야 한다.

만나고 싶고 보고 싶은
그런 친구가 진정한 친구임이 맞다.
친구다운 친구를 많이 가지면 가질수록
자신의 삶이 빛나고 윤택해질 수 있다.
그런 친구를 여러 명 갖고 있다면
그는 진정 행복한 사람이다.

나는 친구다운 친구를
몇 명이나 갖고 있는지.
하나도 없을 수 있는 게 친구이다.
확실한 답을 낼 수 없다.

나의 친구

우리는
시골 마을에서 같이 태어나
지지고 볶고 울고 웃으며 지냈다.
딱지치기 제기차기 고기잡이로
온갖 정 다지면서
네 것 내 것 없는 하나로 뭉쳤다.
내가 웃으면 그도 웃고
내가 울면 그도 따라 울었다.

사랑방 따끈한 구들장 아랫목
이불 속 기어들어 굳게 손잡고
우린 하나가 되자고 약속했다.
내가 그의 손을 꽉 잡는 동안
그의 눈은 희망으로 번뜩이었다.

서울에서 마침내
우리는 하나가 되었다.
난 공무원, 그는 회사원
조그만 문간방에서 자취를 했다.
난 밥과 반찬에
그는 청소 빨래에 익숙했지
내 것 네 것 없이
정말 우린 하나였다.

그의 눈초리는 빛났다.
그가 나를 얼마나 사랑했는지
그를 볼 때마다 내 가슴은 뛰었고
기쁨으로 넘치었다.
그가 회사에서 큰일 했을 때
내가 더 좋아했던 기억 생생하다.
내가 진급했을 때
그는 미친 듯 날뛰며 소리 질렀다.
지금은 우리들 세상이라고...

그는 꿈의 동산으로
말도 없이 일찍 혼자 가 버렸다.
한 쉼 몰아쉬며 불러 보았으나
대답도 없이 먼저 떠난다고
손만 흔들고 갔다.

내가 얼마나 더 살다
그의 곁으로 갈지 모른다.
곧 뒤따라 갈 것 틀림없지만
기다려라, 그때를...
우린 다시 만날 수 있다.

초등학교 동창

너와 나는
한마을에서 태어났지.
네가 6개월 차이로 1년 앞서지만
초등학교 같이 입학해
6년간 동고동락(同苦同樂)한 동창이야...

난 주막거리 개량 기와집에
너는 윗말 전통 초가집에 살았지.
무명 보자기에 책 도시락 싸고
허리춤에 차거나 어깨에 메고 다녔지.
검정고무신, 기운 양말로 겨울 나니
발에 동상을 달고 살았어...

우린 죽마고우(竹馬故友)이고
지란지교(芝蘭之交)의 관계이지.
70여 년간 한 번도 싸운 일 없고
의견 차이도 대립한 적도 기억에 없어
난 너를 한 번도 미워하지 않았지.
너도 마찬가지로 날 항상 사랑했어...

동창이라고 다 동창인가
너와 내가 진정 동창이야
벗이고 친구이고 동무이고 동지이지.
우린 숙명적으로 만났고
그 만남의 인연을 운명적으로
지금까지 지키고 사랑하며 산 거야...
뗄 수 없는 일심동체(一心同體)가 맞아.

노인의 삶

노인은
바람 앞 등잔불 신세다.
깜빡깜빡 꺼질 듯 말 듯 가물가물
조금이라도 더 살아야겠다고
초연하고 의연한 척 한다.
아직도 욕심은 남아 있어
삶에 초연한 척 정신 가다듬고
건강한 삶 꿈꾸네.

등잔불 켜도
방 안은 어두컴컴함 가득하고
등잔 밑 더 껌껌하고 안 보인다.
초롱불이라도 켰으면
사방을 밝히는 지혜로움이 필요하다.
늙은 몸 다시 한 번 더 추슬러
고비사막 걸어가는 낙타처럼
겨울 시베리아 백양나무처럼
의연하고 떳떳함을 보여주면
고목에 한 송이 꽃이라도
홀연히 피어나겠지.

노인은 늦가을
흩날리는 낙엽이라네.
누가 노인을 정성껏 돌보랴
책임져 주고 아껴줄 사람
그 어느 곳에도 없지 싶다.
숙명이고 운명인데 어찌하랴.
스스로 감내하고 인내해야지.
거동이 불편해지면
노인의 삶은 끝장이다.
끝은 내가 만들어 놓은
지난 과거이며 결과임을 명심하자.

노인은
스스로 처지고 있다고 생각하면
인생 낙오자로 지고 만다.
시간을 돌려줄 사람은
그 어느 곳에도 아무도 없다.

노부부의 사랑

잠든 아내를 물끄러미 본다.
얼굴 피부도 푸석푸석
이마엔 고생길의 주름 확연하다.
나잇살의 흔적(痕迹)이 맞지 싶다.
아니다. 모두 내 탓이고
내가 만들어 준 한(恨)의 열매일 수 있다.

카랑카랑 까칠까칠했던 기질도
곱디곱게 삭아 내리어
몰라보게 무던해지고 말았다.
남을 이해하고 자신을 다스리며
세월을 슬기롭게 견뎌 온
삶의 두드러진 징표이다.

아내의 눈치를 본다.
내 경험 철학이고 오랜 습관이다.
누가 더 많이 사랑하고 사랑했을까...?
내 쪽인가, 아니 아내 쪽이다.
아량이 넓은 쪽은 아무래도 아내이다.
감사의 마음 넘치고 넘쳐도
나는 부족하기만 했다.

지금까지 부부 간에
싸움다운 싸움도 없었고
갈등과 불화도 반목도 거의 없었다.
항상 서로 간에 마음 통했고
이해와 용서가 앞을 서는 편이었다.
아내의 말과 뜻은
금(金)이고 옥(玉)이라면 그렇다.
세월은 흘러만 가는데...
가는 세월 잡을 수 없고
오는 세월 막을 수도 없다.

다가오는 세월
아무리 험난하더라도
아내를 향한 아름다운 마음
더 폭넓게 이어가도록 하자.

마음의 진실

누구와 몇 차례 만나 대화하다 보면
그의 마음 진위 여부를 가름할 수 있다.
마음 열어 다가가고 싶은 사람 있지만
마음 닫고 돌아서고 싶은 사람도 있다.

사람 마음이야 겉 다르고 속 다르니
모를 수 있고 잘못 아는 게 당연하다.
항시 변하고 변절하는 사람의 속마음
속임수 술수엔 번번이 당하기도 한다.

몇 십 년 같이 산 아내 마음도 궁금하고
자식들도 부모 돈 욕심엔 서로 싸운다.
친구도 경쟁 관계에선 적으로 돌변하며
연인도 마음 변해 하루아침에 돌아선다.

파란 하늘같이 깨어 있는 밝은 마음으로
하나님께 기도하고 바른 마음 다지지만
속마음 나도 모르고 너 또한 모른다.
검은 마음 다 버리고 좋은 마음 갖기란
하늘의 별 따기처럼 어렵다는 걸 안다.

마음속에 음(陰)이 있으면 양(陽)도 있고
진실 있는 곳에 거짓이 도사리기도 한다.
양심, 이해, 용서를 마음속 가득 채우고
곧은 자존감과 인내심 갖추고 살아가면
내 삶의 가치와 존엄성을 지킬 수 있다.

마음 열고 닫는 것은 나 하기 나름이다.
진실은 항상 내 편이라는 생각을 갖고
바른 마음으로 곧은 정도의 길을 가면
내일도 밝은 태양은 뜨고 빛날 것이다.

칭찬의 속내

칭찬은
마음속에서 우러나오는
진실이 있고 솔직해야 합니다.
담백하고 진솔한 마음도 담겨 있어야 합니다.
조금이라도 거짓을 포함하고 있거나
불쾌감을 주면 칭찬의 의미는 퇴색합니다.

칭찬의 남발은 금물입니다.
양심과 정도에 벗어난 미사여구로 일관하거나
칭찬이랍시고 비꼬는 말투를 남발하다간
칭찬이 역효과를 초래합니다.
윤리와 겸양의 미덕을 저버린 칭찬은
칭찬이라고 말할 수 없습니다.

칭찬을 하면서
상대의 약점을 거론해서는 안 됩니다.
칭찬에 아부성 어조가 부각되어도
가식이나 위선의 내용이 포함되어도
주변 사람들의 빈축을 사게 됩니다.
상대방의 반발과 거부감도 촉발합니다.

칭찬의 내용은
상대로부터 공감과 지지를 받아야 합니다.
임기응변 방식의 칭찬을 도모하기보다는
주고받기 식의 준비된 칭찬을 교환함으로써
칭찬의 효과를 극대화해야 합니다.

칭찬은 잘하면 약(藥)이요
잘못하면 독(毒)입니다.
인간관계 형성에 긍정적 작용을 하지만
칭찬의 속내가 진실이 아니라면
관계를 악화시키는 부정적 계기가 됩니다.
칭찬에 인색하지 않고 정도를 지키면
칭찬을 받는 사람과 함께
칭찬을 하는 사람에게도 기쁨을 선사합니다.

옛것의 안주

옛것을 높이 평하면서
새것을 비하하기도 한다.
옛것의 향수에 젖어
새것의 진가를 모르기 때문이다.

옛것이
아무리 신화 같은 존재라도
옛것에 얽매이다 보면
새것을 창조하기 어렵다.

옛것과 새것이
서로 조화를 이루고
옛것을 존중하는 마음이
새것을 이루는 밑거름이 될 때
옛것과 새것은 모두 빛난다.

오늘의 새것은
몇 백 년, 몇 천 년 전의 옛것이
녹아들고 삭히고 배어서
새로운 틀과 모형이 이루어진
혁신적인 제품이다.

새로움을 찾지 않음은
옛것 낡은 것 중고품 안주의
매너리즘이자 해악이다.
진보, 발전, 도약을 위해선
나부터 부단히 지속적으로
역동적으로 새것을 추구해야 한다.

습관의 덫

누구든 버리지 못하는
습관을 갖고 산다.
음식, 잠, 일, 운동에서
쇠사슬로 올가미로 꽁꽁 묶여
망각의 둘레에 갇히어
제 갈 길 잊고 헤맨다.

건강에도
사람의 됨됨이에도
처신에도, 성공의 앞길에도
자식들이 등을 돌리어도
사랑의 여신이 싫어해도
못내 가려내어 금하지 못한다.

못된 습관이라도
끌리고 홀리는 향이 있다.
후회하고 반성하면서도
잘 간직하고 더 깊숙이 파묻는다.
보물단지처럼 부질없이 끌어안고
자신의 의지와는 별개로
자식에게 물려주기도 한다.

나쁜 습관은
중독성이 있고 전염성이 심하다.
좋은 습관을 만들어
바꾸고 없애는 것도 어렵다.
나만의 나를 새로 만드는
인(忍)과 고(苦)의 고통을 감내하여
습관의 덫을 과감히 떨쳐 내야 한다.

불면의 밤

1.
잠을 청한다.
자려고 할수록 점점 의식이 또렷해진다.
벽시계 소리가 유난히 째깍째깍
밖의 자동차 소리도 시끄럽다.
위층의 발 디디는 소리 때그락때그락 날카롭다.
점점 크게 들린다.
환각인가, 착각인가, 느낌의 마술인가...
나도 모른다.

2.
숙면을 바란다.
바라면 바랄수록 불면의 골이 깊어 간다.
잠을 버리지도 원망하지도 피하지도 않는데
잠들지 못하고
도망가고 사라지기 일쑤이다.
잠을 잊은 그대는
명(命)을 재촉하는 꼴이다.
조용히 명상에 젖어
심호흡으로 무아의 경지를 노려보지만
그 심도는 높아 간다.

3.
불면은 우울증이다.
내가 만들고 내가 겪는 고통의 절벽이다.
금단(禁斷)의 철문이 걸려 있다.
의술이나 의약이 해결해 줄 문제는 아니다.
하나님에게, 부처님에게, 조상님에게
간절히 도움을 요청해 본다.
너 스스로 해결하라는 답을 받는다.
녹슨 내 마음, 오늘의 두려움은
낙엽이 쌓여 짓눌린 무덤이나 다름없다.
누구를 원망해도, 하늘을 원망해도
아무런 소용이 없다.

4.
어느 날
서산 붉은 노을이 일거에 소멸하듯
소나기 내린 후 밝은 햇빛이 찬란하듯
천둥 번개 이후 정신이 번쩍 들 듯
내 안의 나를 갈고 닦아 일깨우면
쉽게 문제는 풀릴 수 있다.
조급해서도 안 되며 느긋해서도 안 된다.
강한 의지, 긍정의 마음에 자연 치유를 상정하고
새로운 마음가짐으로 노력하면
어느 결에 편안한 잠, 숙면이
곧 나를 지배할 수 있다.

가을 편지

가을이 오면
당신 향한 그리움 지우지 못해
내 마음 전하고 맙니다.
우린 헤어져야 할 운명이었지만
당신은 세상에 내가 존재해야 할
내 가치의 보루(堡壘)입니다.

인연은 소중합니다.
합(合)이 이루어져야만 인연이 아닙니다.
이렇게 내 마음속에
당신이 그리운 존재로 남아 있고
내 삶의 원천이 되고 있음에
우린 서로 피할 수 없는
공존(共存)의 관계입니다.

사랑은 믿음입니다.
오래도록 당신을 잊지 못함은
믿음이 있기 때문입니다.
비록 당신은 내 곁을 떠나갔지만
당신의 혼(魂)은 내 소유입니다.
쓰리고 아리고 저린 마음

사랑과 믿음의 마음가짐이라 여기고
오늘도 그리움을 전합니다.

가을은 열매의 계절입니다.
우린 새로운 열매를 맺을 수 있습니다.
지나친 욕심이나 허영심은 없습니다.
당신을 처음 만났던 그 순수한 마음
지금도 변함없이 그 원형대로
고이 간직하고 있을 뿐입니다.

오늘 가을비가 내립니다.
세상은 노력하는 자의 것이라 합니다.
내가 당신 앞에 당당히 나서고
우리의 관계 다시 복원될 수 있도록
앞으로 더욱 노력하겠습니다.
나의 끈질긴 노력은
어느 날 기적을 창조합니다.

슬픈 연가

당신이 떠난 날
하늘이 울고
땅도 울었습니다.
나도 울고 또 울었습니다.

당신이 떠난 날
서쪽 하늘 검은 구름 몰려와
세찬 빗줄기 내려치고
천둥 번개도 울려댔습니다.
나도 소리 내어 울었습니다.

당신이 떠나던 날
난 식음을 전폐하고
뜬눈으로 밤을 지새웠습니다.
눈물 메마른 채 밤새 울었습니다.

당신이 떠나던 날
꿈속에서 당신을 만났고
다시 돌아오라고
다시는 헤어지지 말자고
나는 애원하며 울었습니다.

날이 밝아 올 때까지
난 당신을 불러 보았습니다.
대답 없는 당신의 모습은
그렇게도 전과 다름없이
아름답게만 보였습니다.

칼국수 모정

이른 봄부터
보릿고개를 지나 추석날까지는
배고프고 허기진 날의 연속이다.

삼복더위 심한 한낮
엄마의 정성 가득한 칼국수 점심이다.
누런 밀 색깔 흠뻑 배인
넙죽넙죽한 긴 국수발
밀 내음 짙게 나고 쫀득쫀득 늘어진다.
호박나물 듬뿍 곁들이고
열무, 얼갈이배추 겉절이 김치 얹으면
환상의 조합 이루어
맛깔나는 칼국수 밥상이다.

할머니, 할아버지의 입맛 칭찬이
엄마의 꾸부정한 허리를 피게 하고
오랜만에 집안 내 웃음꽃도 선사한다.
국수 한 그릇 더하고 싶은 마음이야
식구들 모두 머릿속에 그려 보지만
마당가 양은솥 안은 텅 빈 채로
나 몰라라 아쉬움만 내비치고 있다.

엄마의 움푹 파인 눈망울 보면
누가 누구를 돌아볼 겨를 없다.
엄마는 굶주린 배 힘주어 움켜잡고
빈 쌀독 애써 모르는 척 지운다.
배고픈 자식들 입만 생각하고
언제나 환한 웃음으로 허세를 펼친다.

하늘나라에 계신 우리 엄마
이 후덥지근 찌는 복날 날씨에
칼국수 한 그릇 들고 계실까...!!

막걸리 칭송(稱頌)

막걸리는
예로부터 전해 내려온
전통주이자 농주이며 국민주이다.
곡주이고 발효주라 건강에 좋은 술이다.
'코리안 와인'이라 불리어 여성들도 선호한다.

그 옛날 못살던 시절
시골에선 일하러 논밭 나갈 때
집에서 몰래 담근 농주, 한 주전자 갖고 간다.
엄마도 형도 나도 일하다 한 사발 마신다.
안주는 언제나 김치 조각뿐이다.
그래도 금세 힘나고 기분도 좋아진다.

요즘 근교 산행하는 우리네들
배낭에 막걸리 한 병 넣고들 간다.
대부분 100% '서울막걸리'이다.
종이컵에 따라 먹지만
막걸리에 비친 엄마의 얼굴 아련하다.

어느 날
마음이 울적하다 싶으면
하늘의 뜻이란 생각에 마음 정하고
서울막걸리 사다 한두 잔 마신다.
금세 마음의 평정을 느낀다.
막걸리의 은덕이 아닐 수 없다.

막걸리를 마시면
은유하고 온화한 마음 깃든다.
세상 모두가
공평하고 정의롭고 평화로운
막걸리 정신 같았으면 좋겠다.

라면 맛

요즘엔
저녁은 라면으로 때우기 일쑤다.
라면 끓이기가 내 몫으로 정착된 지는
이미 오래전이다.
하나를 삶아
아내와 둘이서 나누어 먹는다.

저녁을 소식하자는
부부 간 합의에 의한 만찬(晩餐)이다.
노인 영양을 고려해
만두와 흰떡을 조금 넣으니
성찬이 따로 없다.

라면 요리도
정성을 쏟아부어야 한다.
제일 중요한 것은
면발의 식감이다.
면을 여러 번 공기 중에 노출하고
면에 찬물 반 컵을 넣고 젓는다.
수프는 적당히 감량한다.

유난히 쫀득쫀득한 면
면발이 빛도 난다.

입에 라면을 넣는 순간
맛있다는 탄성이 절로 난다.
이 맛을 누가 흉내 낼 수 있을까
아무도 따라할 수 없는
비밀의 기법은
나만 갖고 있는 요리 기술이다.

라면은
간편식이자 국민식이다.
초코파이, 믹스커피와 함께
수출 효자 상품으로 자리 잡은 지 오래이다.
대한민국 K-푸드를 만국에 알리는
자랑거리 식품으로 자리했으며
반도체, 자동차, 선박에 못지않은 상품이다.

라면 맛에
온갖 정성 기울이는 내 노력
아내가 감동을 받기에 충분하다.
아내에게
사랑의 달콤한 말보다
선물이나 여행보다도
더 큰 사랑의 효과를 얻는다.

목소리

목소리가
조금만 변하거나 잠기어도
가래 징후가 미미해도
겁이 덜컥 난다.
혹 코로나 마수에 걸린 건 아닌가…?

목소리는
안색과 마찬가지로
건강상 이상이 있는지 없는지
살아온 인생살이의 역경이 녹아 있어
건강을 확인해 주는 증명서이다.

목소리는
밝고 해맑은 음색이 있는가 하면
거추장스럽고 껄끄러운 소리도 있다.
예의범절, 도덕성을 품기도 하지만
버릇없고 폭력적인 기질도 나타낸다.

목소리는
언제 들어도
반갑고 정다운 목소리가 있다.
누구인지도 바로 알 수 있다.

따듯한 정(情)과 사랑만이 담겨 있어
오늘도 내일도 또 듣고 싶다.
이참에 그에게 전화나 넣을까...?

사랑했던 연인의 목소리
다정한 친구의 목소리는
언제나 듣고 싶다.

초가집 추억

우리 집 초가집은
방 둘 부엌 하나가 모두이었다.
나뭇가지 엮은 울타리에
언제나 싸리문이 딸랑 열려 있어
사랑만은 듬뿍 담겨 있었다.

뒤뜰 한편
조그만 장독대에는
올망졸망 항아리들 아담하기 그지없고
조그만 닭장 어울림에 한 몫 하니
따스함 포근함 인정이 넘쳐났다.

봄철엔 처마 밑에 제비들 집 짓고
여름이면 울타리에 호박이 넘실넘실
가을엔 마당 멍석에 빨간 고추 널리고
겨울이면 지붕 밑에 참새들 집 짓고
한 폭의 아름다운 풍경화이다.

부뚜막 가마솥은
언제나 반짝반짝 빛났지만
풀만 때는 아궁이 연기만 자욱했다.
나물죽 쑤던 우리 엄마
어느 하늘에서 울고 있겠지.

조그만 언덕 위
아담했던 우리 초가집
지금은 흔적도 없이 사라졌네...!!

원두막

그 옛날
원두막 주인은 바빴다.
참외 따랴, 도둑 지키랴…
더위와 싸우랴, 장마에 전전긍긍하랴…

윗말 원두막 할아버지
배고픔의 나눔에는 언제나 앞섰다.
한밤중 참외 서리하는 걸
모르는 척 소리 안 지르시고
별 보고 눈감아 주셨다.
지금 그 할아버지
천당 편하고 좋은 곳에서
조용히 편히 지내시겠지…

먹는 게 힘들었던 그 시절
누구인들 한 푼 새롭지 않고
정성 들여 가꾼 참외 아깝지 않겠냐만
허기진 배를 움켜잡고
나보다는 더 어렵다고 생각한
동네 배고픈 애들 어여삐 여기시었다.

그 할아버지 후손들
모두 모두 할아버지 마음 물려받아
곳곳에 바람직한 인물로 우뚝 자라
집안 온통 빛내 주고 있다는 사실
우리들 머리 숙여 인정한다.

고맙고 정다운 그 할아버지
하늘나라에서도 복 받고 사시겠지...!!

녹두전

녹두전은
제일 맛있는 빈대떡이지 싶다.
김치전, 파전, 부추전이 서민적이면
녹두전 메밀전은 좀 고급이다.
맛과 가격에도 그렇다.

엄마는
대청마루 한가운데에서
맷돌 놓고 손수 녹두 갈았다.
어린 나에게 다정한 말로
맷돌 돌리라 하기에
일어섰다 앉았다 힘주어 돌리니
막내아들 참 대견하다는 눈치다.
엄마의 따사로운 마음이
내 온몸을 휘감았다.

솥뚜껑에 썩썩 들기름 바르고
녹두부침개 정성들여 굽던
엄마의 음식 솜씨 눈에 선하고
그 감칠맛 지금도 아련하게 진하다.

지금 최고의 맛있는 녹두전이라도
그때 그 맛을 따르기는 어렵겠지...
세상이 다 알고 있으며
너도 알고 나도 기억한다.

비 오는 날
빈대떡은 어울리는 먹거리다.
무엇으로 굽더라도
조금은 바삭바삭하게
정성 들여 구운 게 제 맛이다.
비 그치기 전에
장수막걸리 한두 잔에
어머니의 모습 그리며
녹두전 옛 향수를 떠올려 본다.

자취방

서울 작은 기와집
문간방엔 부엌이 없다.
방문 앞 툇마루 구석으로
사과 궤짝 하나 달랑 놓고
천으로 가려 찬장으로 삼았다.
둥그런 쟁반이 유일한 밥상이었다.

연탄 아궁이는
난방과 밥 짓기 겸용이었다.
연탄불 화력이 일정치 않아
식사 시간 맞추기 어려웠다.
더운물 세수하기도 부족하고
온돌 난방 아랫목만 따듯하였다.

윗목에 먹다 남은 물
한겨울 밤 살짝 얼 정도로
방 안엔 냉기가 지배하였다.
솜이불도 내복도 변변치 못해
겨울 나는 게 지옥이었으며
손발 동상은 늘 반복이었다.

주인집 아줌마
총각 둘 고생한다고
김치며 된장국 가끔 내주었다.
엄마 같은 따듯한 마음씨
제 자식처럼 챙겨 준 아줌마
지금은 천당 가 계시겠지...
내가 저 세상 가더라도
정말 잊을 수가 없다.

안집 살살이 바둑이도
귀여움이 눈에 선하다.

김치의 손맛

김치가 없다면
밥맛이 날까, 안 날까…
사는 맛이 있을까, 없을까…
흥도 안 나고 재미도 없고
도통 기운도 없을 것 같다.

김치 맛은
집집마다 지역마다 마을마다 다르다.
안주인 음식 솜씨가
그 집의 김치 맛을 좌우하지만
재료와 물맛이 좋아야
김치가 제 맛 낼 수 있다.
아무튼 김치 맛은
엄마의 그리움을 떨쳐 낼 수 없다.

옛날 내 고향에서
산천(山川) 좋은 언덕배기 대갓집
김치 맛 동네 제일이라고들 했다.
김치 맛은 장맛과 함께
그 집의 품격을 자랑하는
잣대 역할을 했다.

김치 없는 밥상은
사막에 오아시스 없는 격이다.
나로선 밥을 맛있게 먹을
자신도 용기도 없다.
우리들 가정 밥상에
김치가 옛날보다 멀어지긴 했지만
김치는 이미 세계적인
유명 먹거리로 자리매김하였다.

11.22는 국가에서 정한
'김치의 날'이다.
나나 너 우리 모두
김치 맛 속에 담긴 엄마의 손맛을
영원히 잊을 수 없다.

세탁기

세탁기는
사람 손을 대신한 자동 기계이다.
추운 겨울 손수 돌려 보거나
대량의 세탁물을 넣고 세탁해 보면
세탁기의 빠른 성능과
그 편리성에 고마움 절로 난다.

세탁기 돌아가는 소리
꿈을 주고 희망을 주는 소리라면
그렇기도 하다.
깨끗한 옷을 약속하는 덜컹덜컹 소리
소리는 시끄럽기도 하다.
아파트에선 한밤중
위층 아래층 조심스러워 금한다.

세탁기와 건조기를
집에 모두 갖추어 놓고도
세탁소에 맡겨 세탁하는 사람도 많다.
세탁할 겨를이 없다는 핑계
차를 안 타고는 움직이지 못하는 성격
자동차 병이나 세탁기 병이나
오십보백보인 셈법이 맞다.

오랜 지난날
꽁꽁 얼어버린 엄동설한 중
개울물 깨고 방망이 빨래하고
얼지 않는 샘물 찾아가곤 했다.
빨래도 못 하고 대충 살아간 때가
엊그제인데 그땐 서러웠다.
세탁기 돌릴 적마다
한스럽던 손빨래 잊을 수 없다.

한글 사랑

한글은 소리글자
글자 중의 글자로 으뜸이다.
못 적는 말 없고 쓰기 편하다.
배우기 쉽고 익히기도 빠르며
감성 표현이 가장 사실에 가깝다.

한글의 구성은
자음과 모음의 조합이
창조적이고 과학적으로 음운을 표시한다.
표현의 만능과 속도의 첨단으로
지식, 정보 산업 발전의 기폭제가 되고 있다.

한글은 언제나
우리 겨레의 혼과 얼을 담고 있어
민족정기의 근원으로 작용하고
민족의 자긍심과 자존감을 일깨워 주어
애국심 함양에 크게 기여한다.

한글은
우리민족의 운명과 늘 같이하여
존폐 위기의 역경을 겪었다.
한문을 숭상해 온 양반 세력들에 의해

언문이라고 괄시를 받기도 했으며
일본 제국주의 식민 정책에 의해
글이 말과 함께
말살될 처지에 놓이기도 했다.

한글은 이제
나라 글로 국내외의 융숭한 대접을 받고
그 우수성이 만천하에 확인되고 있다.
하지만 외국어에 익숙한 사람에겐
홀대받고 있는 실정이다.
재벌 이름, 아파트명, 줄임말을 살펴보면
아직도 한글 사랑은 미흡하다.

Ⅳ.

계절의 감각

봄소식

창문에 드리운 햇빛은
봄기운을 머금어 완연하지만
바람은 한겨울 못지않게 차갑다.
잔설은 못내 아쉬워
아직도 겨울을 꼭 붙잡으려 하네...

낙엽 속의 훈기는
이내 못 참아 열기를 품고
새싹을 발아해 봄을 움트게 하련다.
바빠도 계절의 순리를 앞당길 수 없지만
벌써 입춘(立春)이 지나고 말았으니
햇볕의 따스함은 막을 수 없네...

눈꽃의 화려함이 절정을 이룬 것이
엊그제 같았는데
머지않아 여러 가지 화사한 꽃망울이
온 대지를 물들게 하지.
그때 그 시절 새봄을 함께한
그리운 님에게 달려가고 싶네...

올해도 봄소식은
화사한 봄기운을 등에 업고
겨우내 움츠렸던 마음의 올가미들
두터운 옷가지들 모두 떨쳐 내고
봄의 그리움 낭만을 향해
가벼운 걸음으로 미소를 머금고
뚜벅뚜벅 다가오고 있다.

봄이 오는 소리

숲속의 새소리, 바람 소리
계곡을 흔드는 물소리
희끗희끗 남아 있는 잔설도
낙엽 속 얼음도 녹인다.
겨우내 닫힌 내 귓전도
얼어붙은 동공도
열어젖히누나.

나뭇가지마다
물오름 연둣빛 머금고
바위도 흙도 기지개 핀다.
꽃 소식, 꽃바람, 꽃 냄새
못내 아쉬워 버티는
겨울의 끝자락을 밀어낸다.

동네 처녀 가슴에도
아낙네 물동이에도
설레는 마음 가득 싣고
멀리 올 아지랑이 기다린다.

산책길

1.
아파트 뒷산 소나무 숲길
새소리 바람 소리 물소리에 맞추어
걷고 거닐다 쉬어도
머릿속은 금세 맑아진다.
앞 개울가 둘레길과 함께
마음 치유의 쉼터이자
삶의 질을 개선한다.

2.
빨리 걸으면 숨차고
천천히 걸으면 운동이 안 된다.
이렇든 저렇든 걸으면
명상의 싹 알알이 모이고
마음의 즐거움 두터워진다.
의사는 속보를 권장하지만
나이 들어 노화가 깊어질수록
걸음 속도는 늦추어야 한다.

3.
걸으면 걸을수록 힘이 솟는데
천천히든 빨리든

힘들다고 쉬면 안 된다.
누우면 죽는다는 말 잊어서는 안 된다.
발바닥 무릎 허리 편치 않아도
걷고 걸어야 좋아질 수 있고
개선될 여지 생긴다.
걸을수록 마음 젊어지고
보이는 것도 생각하는 것도 듣는 것도
고맙고 새로워진다.
나를 도와주는 것 별로 없는데
자연은 나를 돕는 진정한 벗이다.

4.
황혼의 노인들아...!!
나이 탓만 하지 말고
외로움 서글픔 섭섭함 원통함이 쌓였다면
걸어라...!! 천천히 라도
폐 깊숙이 심호흡하고 걸어라.
가득 찬 산소로 인해
생각의 찌꺼기 홀연히 사라지고
수많은 사람들, 가족, 자식들도 기꺼이
내 편으로 이해되는 덤을 느낀다.

산길 오르면...

오솔길을 지나
숲속 오르막, 내리막길을 거치고
둘레길을 가로질러 언덕길을 만난다.
야트막한 고갯길 두서너 번 넘으면
정상으로 치닫는 능선 길에 이르고
마지막 힘겹게 정상에 다다른다.

산길은 물결처럼
발길 따라 이리저리 꼬불꼬불 이어지고
긴 숲길 지나 바위산 돌고
시원한 약수터 샘물 쉼터에 잠시 멈춘다.
어쩌다 오르는 산길 정복이라도
경사 심하고 좁아진 정상 길에선
숨은 할딱이고 땀이 질퍽할 정도이다.
도중에 벼랑길이나 바윗길을 만나면
낙상 사고 예방을 위해 피한다.

산길은 자연산이다.
누가 억지로 길을 낸 것이 아니라
사람들이 산에 오르내리면서
걷기 편한 곳으로 발자국 따라

세월의 흐름 속에 조금조금 서서히
대부분 자연히 만들어진 길들이다.

산 정상에 오르면
세상이 다 내 것인 양 만족감에 젖고
아...!! 내가 어떻게 살고 있고
오늘의 나는 누구이고
앞으로 어떻게 살아야 할 것인가를
엄하게 가르쳐 주고 깨우쳐 준다.

봄나물 죽

봄나물은 새싹입니다.
향이 진동하고 입맛 힘껏 당기죠.
색깔도 파릇파릇 푸릇푸릇 각양각색입니다.
풀 냄새 진하게 살짝 비치지만
나물마다 특이한 맛과 향을 자랑합니다.

취나물의 향긋한 맛
두릅의 그 신선한 맛
돌나물의 아주 산뜻한 맛
더덕과 도라지나물의 깊은 맛
산나물과 곤드레나물의 텁텁한 맛
머윗잎의 씁쓸한 쓴맛
봄이 한창인 지금 모두가
맛의 향연을 연출하고 있습니다.

봄나물의 제 맛은
산과 들의 자연산이 으뜸입니다.
마트에서 파는 나물은 비닐하우스 산이죠.
텃밭의 노지 나물도 맛이 일품이죠.
음식점의 각종 나물은
모두 100% 하우스 재배입니다.

봄나물하면.
엄마 누님이 그립습니다.
허기진 배를 움켜잡은 채
바구니 둘러매고 들과 야산을 헤맸던 그때
너무 그립고 안타깝기만 합니다.
아무 말 없이 우리는
서로 쳐다보며 무언의 대화를 주고받았습니다.
더 바라는 것 없이
배를 채우는 것 이외에는...

그때 그 시절
배고픔을 달래었을 때
맛과 향을 따질 겨를 전혀 없었습니다.
그저 아무 나물이나 양만 많으면
나물죽도 푸짐하게 건더기만 많으면
아무 말 없이 만족했습니다.
가마솥의 나물죽이 그립습니다.
쌀이나 보리알 셀 정도의 죽이었지만
식구들은 서로 얼굴을 우두커니 쳐다보면서
죽 한 그릇 더 달라고
아무도 말하지 않았습니다.

상추 맛

상추는
6월 들면 제맛을 내지
땅의 봄기운, 따가운 햇볕, 초여름 비
삼박자 한데 어우러져
싱그러움 뽐내며
풍성하게 한아름 입안에 안긴다.
환절기에 밥맛 잃은 우리네들
씁쓸하고 아리아리한 상추 맛
식욕 당기고 돋우어 주는
서민들 밥상의 보물이다.

시장 상추, 마트 상추는
맛이 밋밋하고 비린 맛 곁들고
나 몰라라 역겨움도 풍긴다.
노지에서 손수 키운 상추는
쌉싸래하고 탁 쏘는 맛 자랑한다.
내 안의 기운 되찾고
활력 불어넣기 위해
삼겹살에 상추쌈밥 제격이다.

상추와 서민은
궁합이 딱 맞는 먹거리 관계이다.
어느 곳에서나 잘 자라는 상추
벌레, 진딧물도 상추는 싫어하네
섬유질, 비타민 풍부하여
피를 맑게 하고
불면증 예방해 주는 건강식품이다.
피부 탄력, 눈 건강에도 좋고
변비 해소에도 1등 식품이다.

민들레 정신

민들레야, 민들레야…
민들레 마주하면 정신이 번쩍 난다.
나도 민들레 같았으면 좋겠고
너도 민들레 닮기를 바란다.
우리 모두 민들레로 살면
1등끼리 경주하는 꼴
맨 뒤라도 1등인 셈이다.

봄이 오면
길가, 들판 지천에 피는 꽃
모두가 자연산이다.
노란 꽃 일색이나
어쩌다 흰 꽃도 외롭게 핀다.
노랑은 서양산, 흰색은 토종이다.

사람 발길과 친밀한 꽃
보도블록 틈새에도 터를 잡고
산기슭엔 여기저기 군락도 이룬다.
청순미 짙는 사랑의 꽃
이별과 만남 예고하는
설렘과 낭만의 꽃이기도 하다.
자기만의 아름다움 품고 산다.

미소 같은 솜털 꽃씨
홀씨 또는 풀씨라고 한다.
어디로 가는지 천지 사방 찾아가며
흩날리다 앉아 뿌리를 깊이 내린다.
만백성의 기백 흠뻑 담긴 꽃
서민의 정서 깃든 꽃
사랑스럽게도 기쁨을 선사한다,
간지러운 미풍에
오늘도 홀씨는 날아간다.

장맛비

가뭄 끝에 내린 단비
3-4일 계속 장대비였다.
너무 고맙기 그지없더니
올해도 예년과 다름없이
큰 비가 억수로 쏟아지어
곳곳에 큰 사고를 냈다.

장맛비 속에
후덥지근한 공기
끈끈한 습기와 어울려
폭염과 열돔 현상이 내습하였다.
간사한 우리네들 속마음
이내 못마땅한 처지로 돌변한다.

새벽 비 천둥소리와 함께
빗소리에 소스라쳐 놀라고는
주룩주룩 내려치는 빗줄기를 탓한다.
하늘의 무심을 원망하고
내 마음 바로 잡자고 다짐하건만
자신의 무능은 접고 장맛비만 탓한다.

개울가 시뻘건 흙탕물에
둑이 섬뜩 잘리어 내려가는 모습
보기만 해도 무섭고 두렵다.
도랑물이 개울물로 강물 되고
바다로 내려가 섞일 것이다.
근심, 걱정 개울물에 실려 보내면
바닷물에 말끔히 희석되어
바르게 잡히고 말 거야...

개울물 범람

분명히
하늘이 노했나 보다.
무슨 연유에서인지...
하늘은 정말 제정신이 아니고
화가 나다 못해 등천했다.

정녕 비가 아니고
물 덩어리를 쉴 새 없이
양동이로 퍼붓는 식으로 쏟았다.
개울물 불어난 소리가
온 사방을 울리고 지배하면서
천지를 진동했다.

개울물이 이렇게
흉물스럽게 맴도는 소리 내며
무섭게 범람한 것 처음 본다.
너도 보았고 나도 보았지만
하늘이 자연을 사랑하고 살라는
장엄한 경고이기도 하다.

입추(立秋)가 지나고
말복(末伏)이 내일모래인데
장마와 열대야는 그치질 않는다.
개울물 소리가 또 굉음을 낼지
나도 너도 모르고
세상 누구도 다 모른다.

열돔의 한(恨)

장마 후 바로
연례행사처럼 기승을 부리는
한밤의 괴물인 기록적 폭염 현상
열돔이라는 한증막 참기 힘이 든다.
물러가라, 내가 이긴다고 자신했지만
의지만으로는 역부족이다.
선풍기도 에어컨도 소용없지 싶다.

6월 말 시작한
열돔 현상이 전례 없이 장기전이다.
장마는 안 끝났고 초복도 아직인데
본격적인 열돔이다.
열대야보다는 시베리아 한랭이 낫다.
고온다습은 독약이나 다름없어
온열 질환에 취약한 노인에겐
더더욱 사면초가이다.

한밤의 열돔은
한낮의 폭염보다 힘들고 지친다.
에어컨 냉방도 고온 못지않게 힘이 든다.

에어컨 감기 들면 여름내 고생하기 십상이다.
열대 지방, 아프리카 사막에서도 사람은 산다.
열돔이 길어 봤자 한 달이고
금세 지나가는데 너무 호들갑 아닌가...!!

열돔의 지속은
인간이 만든 재앙의 무덤이라고 한다.
오늘의 열돔을 사랑하고 내일을 기대해 보자.
고온의 용광로에 나온 철은 강해진다.
내가 나를 다시 만들 수 있는 기회
열돔 계기로 나를 승화시키자.

이번 열돔으로
나를 꽉 막고 있던 하수구가
뻥 뚫릴 수도 있지 않을까...?
내가 알고 하늘도 안다.

고추의 매운맛

고추는
몹시 매운 향이 뛰어나다.
붉은 색깔은
곱기도 하고 짙으며 뚜렷하다.
고추 맛을 즐기는
우리의 국민적 정서와 상통한다.
고추가 한국적(韓國的)이라는 지적에
수긍하며 동의한다.

오늘의 세상은
고추 같은 열풍, 매서운 맛이 몰아친다.
한국도 예외가 아니다.
인정사정없고 우방도 없는
영하 50도 이상의 시베리아 삭풍이다.
나를 비켜 가기라도 하면
천만다행의 행운이고 복이다.

청양고추의 매운맛이
마치 목에 덜컹 걸리어 고생하듯
우리들의 목숨, 행복, 꿈이랑
물거품이 되는가 싶다.

이 험난한 세상에
우리 모두는 초겨울 신작로에
이리저리 바람결에 굴러다니는
낙엽 신세와 조금도 다름없다.

그래도 고추의 매운맛처럼
내 삶을 한층 더 치켜세워
도도하게 거침없이
매운 길을 거치고 가야지...!!

나뭇잎

호수가 나뭇잎이
서늘한 바람에 살랑살랑 흔들린다.
여름내 찌든 폭염과 억센 장대비에
몹시 시달린 게 역역하다.
아직은 보란 듯 푸름 유지하고
자랑스럽게 제멋을 낸다.

가을을 예고하듯
파란 하늘 드높고
물가엔 고추잠자리 떼 지어 나부낀다.
어느새 파란 나뭇잎 하나 둘
물들어 감을 피하지 못한다.
긴 동면 이후의 새싹 기약하며
생명의 유한함을 보여 준다.

나뭇잎은 곧 낙엽 되어
모두 떨어지고 흩어진다.
한겨울의 앙상한 나뭇가지 그려 보며
내 삶을 나목(裸木)과 연상해 본다.
우리 모두에게, 내게도
춥고 어두운 장막이 드리우지 않을까...?

미리 준비하고 다그치어
슬기롭게 대비하자.

나뭇잎은
낙엽이 거름 되어 새 잎으로
새봄에 거듭 돋아난다.
낙엽이 새잎으로 둔갑하듯
나의 삶에서도
자연의 순리를 좀 더 의미 깊게
자성(自省)의 마음으로 되새겨 보자.

가을 소리

가을이 오는 소리
도처에서 울리고 들린다.
정결한 마음으로 기다리니
정답게 느껴지며 환상으로 샘솟는다.

숲속에서 번져 나오는
시원한 바람 소리 온몸 휘감고
산새 무리들 짹짹 지저귀는
노랫소리 숲속 적막 깬다.
불어난 개울물 소리까지
합창의 하모니를 이루고 만다.
풀벌레 소리마저 숨소리처럼
가냘프게 해맑고 은은하게
귓전을 흔들어 댄다.

가을을 알리는 자연의 소리
마음속 깊숙이 움트고 자랄 때
의미를 감내하고 느낄 수 있을 때
이젠 욕심의 굴레에서
벗어나야 한다고 다짐한다.
용서와 화해의 마음 가져 본다.

사랑하는 그대여
당신이 오는 인기척 사실이라면
혹시 가을 오는 소리와 함께라면
용서하는 마음으로
당신을 기꺼이 맞이하고 싶다.

밤하늘의 별빛 소리 들으면서
현실이 아니고 꿈이라 하더라도
당신이 떠나며 던진 이 말 저 말
모두 모두 용서하련다.

가을 하늘

하늘을 쳐다본다.
높고 맑은 하늘 끝이 없다.
파란 하늘 아득한 곳에
내 마음 둘 곳 찾아 헤맨다.

드높은 하늘에
내 삶의 뜻을 심어 보니
실망과 죄책감이 맴돈다.
언뜻 찬 바람 빈 가슴 흔들고
나뭇잎에 실린 한숨 깊어 가니
외로운 고독의 벽 다그치네...

하늘 아래 이곳저곳
하얗게 핀 들국화 꽃송이
꽃잎에 맺힌 차디찬 이슬은
내 마음 치유해 주는 약손인가
세월의 야속함을 잊게 해 주네...

저 파란 하늘
밝고 빛남에 힘입어
우울한 마음 날려 보내고
오롯이 나를 지켜본다.

내 마음 곳곳에 아로새겨
원망과 시련, 고독을 지우네…

나를 속속들이 용서해 주는
하늘의 뚜렷한 계시(啓示)가
가까이 내게로 다가온다.

가을 단풍

가을 가면
또다시 겨울 오겠지.
가는 세월 막을 수 없어 돌이켜 본다.

초록 잎이 단풍 낙엽으로
자연의 조화가 어김없이 이어짐에
내 얼굴도 한 꺼풀 낙조에 물들었네...
거울 속 비친 내 모습 고개 돌린다고
제 모습 찾을 수 있을까...?

가을 가면 겨울 이겨 내고
새봄 또 찾아오듯이
사라짐이 돌아옴을 예고하듯
나 또한 새로움을 창조해야지.

내 인생 혹독한 겨울 맞더라도
이른 새벽 붉은 해오름 같이
서산마루 석양 노을빛처럼
단풍 색깔의 본연을 잃지 않으련다.

찔레꽃 연정

찔레꽃에 담긴
소박한 마음, 은은한 향기
너도 알고, 나도 안다.

우리 집 울타리 감돌고
들판, 산비탈, 장터 가는 언덕배기에
새하얀 꽃, 연분홍 꽃망울 드러내 놓고
파란 하늘의 별처럼 여기저기 빛내고
내 마음, 우리 집 안녕을 지켜준 꽃

새순으로 꽃잎으로
5-6월의 심한 허기를 달래준 기억
따가운 가시는 마귀를 물리치는 꽃
하얀 미소에 녹아난 아름다운 추억들
넘치는 그리움으로 안겨 있네...

보살핌 부실한 외로운 꽃무리
저녁노을 비친 순백의 마음 안고
가을의 빨간 열매로
겨울의 혹한을 맞이하네...
그리워라 그리워 엄마의 손길

들국화 연가

파란 하늘아래
홀로 외로이 피어 있네.
듬성듬성 군락도 이루어
청초하게 꽃잎을 내민다.

오만스럽지 않고
바람과의 이야기도 즐긴다.
찬 서리 거뜬히 이겨 내는
강한 인내를 자랑한다.

가을을 홀로 지키는 양
밤하늘의 별처럼 빛나고
온 누리를 지배하려는 듯
겨울 초입의 함박눈이다.

꽃잎에 맺힌 찬 이슬
마음 치유해 주는 약손인가
겨울도 넘겠다는 손길인가
기다림과 약속의 눈물인가
들국화 노래가 들린다.

복수초 찬가

겨우내 언 땅인
언덕배기 아래 비탈진 바위 틈새
듬성듬성 잔설의 틈 비집고
꽃망울 빠끔히 솟아 있네…

언제 어느 결에
봄바람 타며 기(氣)를 받았는지
골짜기 물소리와 서로 시샘하는지
노란 물 머금은 채
봄 햇살에 유난히 빛나네…

보수초는
온몸으로 겨울의 고독과
힘차게 싸워 이겨 낸 전사가 아닐까
첫봄을 알리는 이른 신호이며
봄의 전령이자 점령군인지 모른다.

시베리아 아무르강 유역이 고향
언제 한반도로 건너와
이렇게 청초하게 여린 가슴 태우는지
봄바람에 한들한들 나풀거리는
네 모습 보며 초연해진다.

대추나무 소회(所懷)

가을이 깊어지면
옛집 대추나무와 할머니가 그리워집니다.
먼발치에서도 대추나무가 우뚝 솟아 보여
우리 집은 늘 대추나무집으로 불리었습니다.

이맘때쯤이면 할머니는
학교에서 돌아오는 손자 배고픔 아시고
종종 허리춤에서 애써 꺼내 주었던 게
잘 익은 빨간 대추 몇 알이었습니다.
대추 살은 꿀처럼 달콤했던 걸 기억합니다.

울안의 대추나무는
집안의 가풍과 정서를 닮는다 했습니다.
할머니는 대추나무와 똑같이
곧고 단단하시고 야무지시었으며
강인함이 대단하셨습니다.

우리 집 대추나무는
뉘 집 나무보다 대목이었고 강했습니다.
대추가 주렁주렁 탐스럽게 매달리면
집안 어른은 큰 복(福)으로 치고
내놓고 대추 자랑 했습니다.

대추나무 가지가 굴렁쇠처럼 휘어도
끈질기게 부러지지 않았고
홍대추의 아름다운 색깔을 과시했습니다.

대추는 가을 땡볕에 익고
찬 서리에 단맛을 깃들이게 됩니다.
제사나 잔칫상의 필수 과일로
항염, 항산화 외에 소화, 혈액 순환을 촉진합니다.

우리에게 봄에 살구가 있다면
가을에는 대추가 있습니다.
대추는 살구와 함께 옛 추억을 되살리는
아주 친숙한 열매입니다.

단풍 예찬

오색 단풍의 산자락 울긋불긋한 색깔
누군들 감탄하여 칭송하지 않겠느냐

여름 내내 푸름을 힘껏 자랑하면서
뜨거운 햇빛, 폭풍, 장맛비 이기고
꽃보다 어여쁜 자랑스러운 잎사귀들
장엄한 오색의 화합이자 성찬이다.

빨강 노랑 파랑 황색의 색동옷 입고
벌겋게 타오르며 요염을 빛내는 향연
세찬 바람에도 나부끼는 춤사위 물결
삶의 환희를 알리는 몸부림 잔치이다.

단풍이 낙엽 되어 이른 봄 새싹으로
강물이 바다 되어 다시 빗물 되듯이
우리들 삶도 영혼이라는 순환이 있다.

풍금소리

아득한 옛일
기억 속에 가물가물하지만
임시 움막 교실 한구석에
흠집 많은 검은 풍금 한 대 놓여 있었다.
6.25 전쟁을 몸소 겪은
소중한 풍금이고 학교의 보물이었다.

선생님은 힘차게
희고 검은 낡은 건반 두드리며
'아아 잊으랴 어찌 우리 그날을' 선창하면
우리들은 그 뒤를 따라했다.
망가진 풍금은 저음의 쉰 목소리 내고
간혹 삐 하는 금속 소리도 낸다.
이내 선생님을 풍금 버리고
목청 높은 음성만으로 노래를 가르쳤다.

그 시절 우리에겐
풍금이란 사치에 속했는지 모른다.
책보를 어깨나 허리에 둘러매고
검정 고무신 신던 시절
점심 거르기 일쑤이던 그때
고장 난 헌 풍금 소리보단

선생님의 손짓 몸짓과 어우러진
노랫소리가 더 다정했고 보람찼다.

그래도 그 풍금 소리는
우리들 가슴속에 응어리로 남아 있고
깊은 속앓이로 그리움을 낳고 있으며
70여 년 지나간 지금에도
슬픈 추억으로 함몰(陷沒)되어
내 귓속을 윙윙거리며 울리고 있다.

전쟁은 나지 말아야 한다.
일시에 모든 것을 앗아 가는 전쟁
러시아의 침공 이겨 내는 우크라이나 사람들
피아노 소리가 제대로 들릴까...?

저녁노을

소낙비 온 다음
서산마루에 걸친 오색 물결
바라보면 볼수록
황홀한 마음 신비로움에 묻히네...

이른 아침
동녘의 새벽노을도 황홀했지만
주홍 치마 물결치듯 맴돌고
꿈을 담은 불꽃처럼 타오르는
저녁노을만은 못한 것 같네...

내 마음 흔들고
돌아보게 하는 성찰의 기회
내 온몸, 온 정신, 노을에 빠져 들어가듯
난 그 광란의 향연에 함몰하여
내 안의 나를 찾고 말았네...

갑자기
저녁노을 사라지고 사방은 어둑어둑
절망과 고난을 감싸 주려는 듯
새 삶의 희망에 도움 주려고
내일 아침 찬란한 새벽노을을
예고해 주고 있네...

천년 은행나무

용문, 용문산, 용문사의 자랑은
거목이자 고목인 은행나무이다.

지금쯤 은행나무 아래에는
은행 낙엽의 황금빛 카펫이 펼쳐 있을 게다.
바람 불 때마다 샛노란 아름다운 카펫 위에
한 잎 두 잎 낙엽이 더 포개짐은
그 어느 나무의 낙엽 지는 모습보다
환희와 감흥을 더 안겨 준다.

초등학교 시절
용문사로 소풍 갔을 때
은행나무 역사를 알리는 안내판 없었다.
1,000년 넘은 세계 2번째로 큰 은행나무라는 것도
신라의 마지막 세자 마의태자가 심었다는 설도
여러 전쟁을 겪는 동안 절이 소실되었다는 사실도
전혀 모른 채 은행나무를 바라보았다.

천년 은행나무는
장엄한 자태 그 모습만으로 전설적이다.
1,000년도 영겁(永劫)으로 보면 짧은 세월인가...

사람은 오래 살아야 100여 년도 못 사는데
어떻게 천년을 견디어 왔을까…?
저렇게 의연하게 천년을 과시하고 있으니

용문산 은행나무 장수는
물 좋고 산세 좋은 환경 덕분이다.
심심산천(深深山川) 계곡 개울가의 자리는
나무 성장의 천혜를 입은 입지적 조건이다.

사람도 장수하는 사람은
장수의 조건인 유전자가 좋아야 하나
맑은 물과 공기를 마셔야 하고
무엇보다 마음가짐이 선(善)해야 한다.

겨울 초입

겨울이 오면
난 바람이 될 것이야…!!
모진 바람, 삭풍이 되어서는
덜 되고 덜 익고 덜 떨어진 것들
보기 싫고 없애야 할 것들
바람에 실어 시베리아로 몰아냈으면
다시는 우리 곁에 얼씬도 못하게.

겨울이 시작되면
난 흰 눈이 되었으면 해…
온 누리를 뒤덮는 함박눈이 되어
겨울을 말끔히 장식하고 싶어
더러운 것, 못된 것. 남을 해치는 자
모두 덮어 동장군에 소멸시키게.

어느 쌀쌀한 겨울날
난 겨울비라도 되면
남아 있을 오물(汚物)을 일거에
강물로 바다로 떠내려 보내고 싶어
순백으로 정화되는 자연의
선순환이 이루어질 수 있게.

겨울이 깊어 가면
앙상한 겨울나무 가지 앞에서
세찬 바람 소리 가슴속에 음미하며
후두둑 낙엽 잠재우는 겨울비에 젖어
멀리 보이는 새봄의 여명(黎明)을
손꼽아 기다려 봐야지...!!

눈사람

마을 입구
큰 정자나무 아래 한 편에
오롯이 서 있는 눈사람 두 개
하나는 남자, 다른 하나는 여자인데
눈, 코, 입, 눈썹이 뚜렷이 박혀 있다.
동네 아이들 두 손 모은 정성으로
마을 혼(魂)을 듬뿍 담았으니
주인 행세를 하고 있는 셈이다.

지금 그곳엔
겨울눈 아무리 많이 내려도
몇 해가 지나고 또 지나가도
수십 년, 수백 년 그 곳을 지켜 오던
눈사람 자리 겨우내 텅 비어 있다.
동네에 아이들 사라진 지 오래이니
누가 눈사람 만드나...?
눈보라 휘몰아치는 썰렁한 마당에
아무도 눈사람 만들 생각 않는다.
서럽고 서러워라 이리저리
둘러보아도 마음 둘 곳 없다.

정자나무 앞집 할아버지
오늘따라 그 옛날 눈사람 만들던
아련한 추억 떠올리며
눈사람 그 장소 물끄러미 바라본다.
상상의 나래를 열심히 펴내며
허공에 대고 눈사람 지긋이 그려 본다.
눈사람 마침내 나타났는지
할아버지 눈물 글썽이며
한숨 짓고 중얼거리며 말을 잇는다.

"그래 나는 너를 그리워한다.
우린 너를 만들면서 한 해를 넘기고
새해를 맞이했다. 눈사람 만들면서 우린
우정을 다지고 동네를 사랑하며 살았다.
너 없는 세상은 이제 삭막하고 쓸쓸해서
못살겠다. 그 옛날로 돌아가고 싶다."

할아버지 눈물을 거두는 사이
허상(虛像)의 눈사람은
어느새 허공으로 사라지고 말았다.

새해를 맞으며...

나는 지난 한 해
내내 걸을 수 있었고
병원에 눕지 않았으며
먹고 잠자는 게 즐거웠습니다.
고맙고 감사했으며 행복했습니다.

나름대로 남보다
열심히 살려고 노력했으며
나 자신과 아내, 가족을 위해
부지런함에 모범을 보이었습니다.
절망에서 빗어진 일탈(逸脫)을 멀리하고
부단히 남보다 앞서가려 애썼으며
고통과 무료함 없애려 노력했습니다.
나눔과 봉사에도 주력했습니다.

한마디로
'존재의 행복'이 무엇을 의미하고
'존재의 가치'가 어디에 있는가를
찾아 나서 음미하면서
내 것으로 만들려 최선을 다했습니다.

함박눈 쏟아지는 겨울하늘 쳐다보며
한 점의 부끄러움도 없었다고…
그렇게 살았다고 자부합니다.

무엇보다도 2022년에
9번째 수필집을 발간했고
정식으로 시인에 등단했습니다.
나로선 정신적으로 더 성숙해졌으며
삶의 에너지도 더 업그레이드되었습니다.
도약의 발판을 마련할 수 있는
내 안의 자부심도
힘차게 자리 잡고 있습니다.

정월 대보름 달맞이

달맞이 놀이는
정월 대보름날 저녁에
마을 청소년들이 논이나 밭둑에 모여
깡통에 숯불 담아 돌리는 쥐불놀이로
뜻 깊고 즐거운 민속 잔치요,
마을 축제이기도 하다.

어릴 적 내 친구
주막거리 철이와 뒷말 영수는
나와 함께 동네 달맞이 주력 손님이었다.
동네 형들은 우리들에게
새해에는 반드시 풍년이 들고
마을의 풍요와 안전이 지속되기를
기원하라고 일러 주었다.

그 간절한 소원들이 얼마나 이루어졌는지
정확히 알 수는 없으나
우리에겐 희망이자 용기이고 보람이었다.
새해 둥근 보름달은
우리들의 원(願)과 한(恨)을 풀어 주었으며
화(禍)를 막고 평안을 선물했다고
지금까지 굳게 믿어 왔다.

정월 보름달 속에
마을 사람들의 바람과 애환(哀歡)이 담긴
역사적인 달맞이 놀이는
이제 아련한 추억 속에
점점 사라져 없어지고 있다.
시골 마을에 청소년 어린이가 없으니까...

시작 노트

어떤 시를 쓰면 좋을까....? 시를 작성하면서 오랫동안 생각하고 고민해 온 대목이다. 무엇보다 좀 더 감상적이고 낭만적이며, 밝고 아름다운 시를 썼으면 좋겠다는 생각이 앞선다. 물론 풍부한 감정이 압축되고 남다른 언어 구사력이 크게 돋보이면 더할 나위 없을 성싶기도 하다. 난해(難解)하고 너무 비유적인 시보다는 읽기 편하고 쉽사리 뜻이 전달되며 객관적 개념들이 망라된 서정시가 좋다는 생각이 지배적이다. 설사 아름다운 시어(詩語), 시구(詩句), 시상(詩想) 등이 다소 미흡하더라도 '살아 있는 시'이며, 동시에 '살아나는 시'로 평가받으면 좋겠다는 뜻이기도 하다.

시집을 편집하고 나서 이리저리 보아도 시문(詩文) 곳곳에 부실하고 부족한 면이 한둘이 아니다. 어느 시는 버리고 싶은 마음이 굴뚝같았지만 시집의 구색이라는 변명을 머릿속에 잡아 두고 편집에 임했음을 솔직히 인정하지 않을 수 없다. 하지만 다른 한편으론 시집 어느 한 구석에 우리네들 삶의 본질, 진리, 영혼의 세계를 넘나든 인식이 뚜렷하게 각인되어 있고, 아울러 각양각색의 웃음꽃들이 반영되고 있어 보람을 갖기도 한다.

이러한 관점에서 100여 편의 시를 놓고 그 내용의 전반적인 특징을 살펴본 다음 각 시들이 안고 있는 몇 가지 시적 의미를 검토해보기로 하자.

첫째로, 내 마음 머무는 곳의 제 I 부 시는 모두 산골짜기의

물 흐름을 연상하듯 삶의 보물들이라 여겨진다. 모름지기 사람들은 살아가면서 욕심의 굴레에서 헤어나지 못한 채 언제나 채우려고만 애쓴다. 실로 채워지면 행복이 아니거늘 불행의 질곡에 빠지면서도 욕심의 끈을 끝내 놓지 못한다. 이런 삶의 현상을 시 「움과 채움」의 마지막 절은

> 채우면 모자라고
> 비우면 채워진다.

라고 일갈했다. 삶의 정도를 외면하고 횡재만을 꿈꾸는 사람에겐 언제나 해(害)와 악(惡)이 뒤를 잇고 만다는 것이 우리네 삶의 진리(眞理)이다. 바로 이 가르침을 계시해 주고 있음이 부각되고 있다.

둘째로, 삶의 향기는 때때로 깊은 고독에서 창출될 수 있다는 시적 미학(美學)에 매료된다. 제Ⅱ부의 시 「고독」에서

> 고독 없이 문화 발달은 있을 수 없고
> 심오한 고독이 고독으로 이어져
> 한 단계 업그레이드됨으로써
> 문화 창조가 이루어진다

라고 한 시구는 삶의 의미를 깊이 되새겨 준다. 삶은 원래 고독하다는 말이 실감나듯이 고독을 즐기며 고독과 싸워 이기는 사람이 승리의 월계관을 쓸 자격이 있다는 것이다. 고독하지만 나의 삶은 항상 청춘이라 생각하고 산다면 삶에는 젊은 미소가 절로 날 수 있으며, 이때 진정한 행복을 맛볼 수 있다는 것이다. 다시 말해서 고독의 늪에서 일탈하는 삶의 지혜

를 발휘하면, 바로 '인생 낙원'이라는 동산에 오르게 된다는 것을 부인할 수 없다.

셋째로, 노년의 일상에서 부부 관계와 친구 문제의 향배(向背)가 삶의 질에 가장 중요한 요인이라고 맥을 짚는다. 제Ⅲ부의 시 「노부부의 사랑」에서

누가 더 많이 사랑하고 사랑했을까..?
내 쪽인가, 아니 아내 쪽이다.
아량이 넓은 쪽은 아무래도 아내이다.

라는 주장은 현명하기 그지없다. 노년의 부부 간에, 실로 어느 쪽이 더 사랑했느냐가 중요한 것은 아니다. 다만 현시점에서 할머니 쪽이 더 사랑했다고 인식을 갖는 할아버지 삶의 방식이 무엇보다 현명한 처신이라는 것이다. 노부부 간의 삶이 원만하고 행복하려면 서로 양보하고 이해하는 사랑의 척도에서 할아버지 쪽이 항상 져야 가정의 행복이 도래한다는 논리이다. 노년의 가정에서 할아버지의 얄팍한 저울질이 늘 지배한다면, 그 가정은 절대로 행복할 수 없다.

넷째로, 행복한 삶의 조건에 자연환경을 무시할 수 없다는 시어들이 돋보인다. 제Ⅳ부의 계절의 변화와 느낌의 시 「민들레 정신」은

나도 민들레 같았으면 좋겠고
너도 민들레 닮기를 바란다.
우리 모두 민들레로 살면
1등끼리 경주하는 꼴
맨 뒤라도 1등인 셈이다.

라고 간파하였다. 자연에 심취(心醉)하면서 자연을 노래하는 시는 그야말로 자연 모습을 한 단계 더 업그레이드하는 영혼의 공간일 수 있다. 4월의 봄비로부터 장마를 지나 열돔의 한(恨)을 맛보면서 어느새 가을이 오는 소리를 듣는다. 곧 낙엽이 흩날리는가 싶더니 곧 겨울 초입의 추위를 타다 이내 함박눈에 함몰되고 만다. 또 한 해가 다 흘러가고 새해를 맞는 게 바로 세월의 연속성이다.

내가 시인으로 등단하였고 첫 시집을 내고 있으니, 정식으로 시인이 된 것은 사실이다. '첫술에 배부르랴'라는 옛말이 있다. 어떤 일에 몰두하든 그 결과를 놓고 단번에 만족할 수는 없다는 뜻이다. 자신의 시집 내용이 보잘 것 없다고 지레 겁을 먹어 너무 의기소침(意氣銷沈)할 필요는 없다. 앞으로도 시를 쓰고 또 쓰면 쓸수록 힘도 나고, 거듭할수록 훌륭한 시를 쓰게 될 수 있다는 옛 시인의 말이 맞다. 누구나 그런 과정을 거치어 좌절하고 또 희망을 얻어 시인이 되었음은 분명하다.

누가 뭐라 해도 시인이 되었다는 자부감과 자신감을 지니고 오늘도 내일도 시작에 정진하는 것이 이름난 시인이 되는 지름길이라 하겠다.